FREI PATRÍCIO SCIADINI, OCD

# Santos
# Luís & Zélia
## Martin

### pais santos gerando santos

```
Dados Internacionais de Catalogação na Publicação (CIP)
       (Câmara Brasileira do Livro, SP, Brasil)

   Sciadini, Patricio
      Santos Luís e Zélia Martin : pais santos gerando
   santos / Patricio Sciadini. -- São Paulo, SP :
   Angelus Editora, 2022.

      ISBN 978-65-89083-23-8

      1. Família - Aspectos religiosos - Igreja Católica
   2. Martin, Luís, 1823-1894 - Biografia 3. Martin,
   Zélia, 1831-1877 - Biografia 4. Teresinha do Menino
   Jesus, Santa, 1873-1897 I. Título.

22-115403                                       CDD-282.092
```

**Índices para catálogo sistemático:**

1. Santos : Igreja Católica : Biografia   282.092

Eliete Marques da Silva - Bibliotecária - CRB-8/9380

# 3ª EDIÇÃO

## Santos Luís e Zélia Martin: pais santos, gerando santos

Copyright 2022 © Angelus Editora e
Editora Sagrada Família

**Direção Editorial:**
Maristela Ciarrocchi

**Revisão:**
Tatiana Rosa Nogueira Dias

**Capa e Diagramação:**
Raquel Lopes e Maitê Ferreira

ISBN: 978-65-89083-23-8

# SUMÁRIO

| | |
|---|---|
| Dedicatória | 9 |
| Agradecimento | 11 |
| Introdução | 13 |
| Três palavras antes de ler o livro: | 13 |
|    1. *Amoris Laetitia*, a alegria do amor | 14 |
|    2. Luís e Zélia | 15 |
|    3. Educar para Deus | 17 |
| Buscando a Deus | 21 |
| 1. Um casal santo: Luís e Zélia | 25 |
| 2. Zélia Guérin | 29 |
| 3. Isidoro Guérin | 33 |
| 4. Luís Martin | 37 |
| 5. Um caminho diferente | 43 |
| 6. Ótimo relojoeiro | 45 |
| 7. Os autores espirituais | 49 |
| 8. Luís Martin buscador de Deus | 53 |

9. E Zélia Guérin? 57
10. Buscando a vida religiosa 61
11. Os caminhos de Deus... são diferentes 65
12. Na universidade da vida 69
13. Zélia 73
14. Zélia, boa empresária 77
15. Zélia e Luís se... encontram 81
16. A centelha do amor 85
17. Filhos ou não filhos? 89
18. Treze anos de matrimônio, nove filhos... 93
19. Nomes e apelidos das primeiras filhas 95
20. A vida vence a morte 101
21. A tristeza não abala a fé 107
22. Zélia: repórter de guerra 113
23. O rabo do porquinho 115
24. Zélia: repórter de guerra 2 117
25. Zélia e Luís se completam reciprocamente 121
26. Três prioridades da família Martin 125
27. Pérolas de caridade 129
28. Zélia brinca com Luís 133

| | |
|---|---|
| 29. Uma virada no trabalho | **137** |
| 30. Chega Teresa, a flor das flores | **141** |
| 31. Todos ao serviço da Rainha de França e de Navarra | **145** |
| 32. Não somos nós que servimos a Deus, Ele nos serve | **149** |
| 33. Quem ama a Deus ama também o próximo | **155** |
| 34. Quem é Armandinha? | **159** |
| 35. A doença da mamãe Zélia avança | **167** |
| Carta 177 – à Senhora Guérin | **169** |
| 36. O Doutor Nota, amigo da família | **177** |
| 37. Lourdes | **183** |
| 38. A via sacra de Zélia | **187** |
| 39. Domingo 22 de Julho... última Santa Missa | **189** |
| 40. A última carta... | **193** |
| 41. Os últimos dias de Zélia | **195** |
| 42. Luís Martin, viúvo, mas não... solitário | **201** |
| 43. Lisieux | **205** |
| 44. Os Buissonnets | **209** |

45. É tempo de estudar... rezar — **215**
46. A festa do Rei Luís — **219**
　Para o senhor Martin — **220**
47. Os santos ao pé da porta — **225**
48. Luís e Zélias educam juntos — **227**
49. Uma viagem turística e cultural — **231**
　Carta 221 – partida para uma grande viagem — **232**
　Carta 222 — **234**
　Trechos da Carta 225 — **235**
　Trechos Carta 226 — **238**
50. Teresa: repórter de viagem — **241**
51. Voando para o Carmelo — **249**
52. Ano de 1888 — **255**
53. Quinze de Junho de 1888 — **263**
54. Luís "foge de casa" — **265**
55. Subindo o Calvário — **269**
56. Um lindo pôr do sol e um lindo amanhecer — **271**
57. Como era a vida no Hospital Bom Salvador? — **275**

58. A humilhação nos identifica com Cristo — 277
59. Adeus... Buissonnets — 283
60. A santa face resplandece na dor — 285
61. O sonho de Teresa — 289
62. A vida continua — 293
63. A loucura da Cruz — 295
64. Até o Céu — 301
65. Jesus visita Luís — 305
66. Em férias no castelo — 309
67. A irmã morte se aproxima — 313
68. Assim morrem os santos — 317
69. A oração da filha de um santo — 321
70. No inverno da humanidade — 325
71. Oração da Família Martin — 329
Salmo da Família — 333
Homilia do Papa Francisco — 337

# DEDICATÓRIA

Dedico este livro a todas as famílias e à Comunidade Sagrada Família de Italo.

Que os pais saibam educar seus filhos no amor, na oração e encaminhá-los para santidade, com a proteção de Luís e Zélia Martin!

# AGRADECIMENTO

Agradeço de modo especial ao Italo;

À Maristela, da Editora Angelus, por ter me estimulado a escrever;

Agradeço à Irmã Elizabeth, do Carmelo de Passos, e à Lourdes Souza Pimenta, da OCDS de Passos, por suas paciências em decifrar o *Patricionês*;

Os livros que me acompanharam para realizar este pequeno trabalho são vários, em modo particular, o livro de JEAN CLAPIER "LOUIS ET ZELIE MARTIN, UNE SAINTETE POUR TOUS LE TEMPS".

# INTRODUÇÃO

## Três palavras antes de ler o livro:

Não amo os livros que têm uma dúzia de apresentações antes de começar a leitura. E, não amo os livros que começam justo com o primeiro capítulo. É necessário que alguém nos abra a porta. Ler um livro é como visitar uma casa. O dono da casa nos abre a porta e nos faz conhecer a casa e depois nos convida para uma boa conversa. Conhecer a casa, isto é, apresentar as pessoas que ali moram, quando a casa foi construída, e como foi melhorada passando de mão em mão. Assim é a história de cada um de nós.

# 1. *AMORIS LAETITIA*, A ALEGRIA DO AMOR

Gostaria fazer uma pergunta aos meus cinco leitores: você já leu a carta apostólica do Papa Francisco *AMORIS LAETITIA*? Se não leu toda, não uma vez, mas duas ou três vezes, não poderão compreender a trajetória do casal santo Luís e Zélia Martin. Eles viveram mais de 100 anos antes da carta apostólica, mas estão em perfeita sintonia com a doutrina da Igreja, com a palavra de Deus. As mudanças não são teológicas, mas sim estruturais, e a preocupação da Igreja deve ser sempre a mesma: a salvação de todos.

O livro levar-nos-á a uma leitura atenta da *Amoris Laetitia* e a sentir-nos impulsionados a recuperar certos valores que infelizmente na cultura do "usa e joga fora", ou do descartável, não são mais considerados importantes. Por isso, eu quis colocar no fim de cada capítulo uma frase do documento pós-sinodal, para que se possa caminhar com a Igreja, que, como mãe, tenta fazer curativo, para que a doença não se transforme em gangrena e prejudique todos os tecidos vitais. O matrimônio é alegria, não tristeza, é dor, mas não desespero, é sempre esperança, perdão e o forte desejo de continuar o caminho. Os verdadeiros esposos não podem preocupar-se com a própria felicidade, mas com a felicidade do outro e juntos, com a felicidade dos filhos.

O matrimônio é uma missão, um sacerdócio, deve ser celebrado no altar da vida, e os pais, na família, desempenham um verdadeiro sacerdócio. Eles abençoam, eles consagram os próprios filhos, rezam para os filhos e com os filhos. O amor à família de Nazaré, que viveu as suas angústias até a de perder o Menino Jesus, o buscaram por três dias e o reencontraram no templo, ajuda as famílias de hoje que não raramente sofrem a perda dos filhos.

A alegria do amor se conquista, não se vende em nenhum supermercado ou farmácia. É um fruto que somente se encontra na oferta de si mesmo e no esquecimento de si mesmo.

## 2. LUÍS E ZÉLIA

São os protagonistas principais do nosso livro, que o batizamos de "Santos Luís e Zélia Martin: pais santos gerando santos". Um título que pode parecer estranho, mas, na realidade, mostra o que esse casal fez durante a sua vida. Cada um veio de um lugar diferente, mas os caminhos de Deus não são os nossos. Todos os dois pensavam, na sua juventude, em entregarem-se à vida consagrada, mas não foram aceitos, por motivos diferentes. Encontraram-se e foi um amor à primeira vista. Luís, um homem silencioso, mas não antissocial, queria viver em castidade perfeita, e Zélia, uma mulher cheia de expansividade e amante de uma fecunda maternidade.

No diálogo, na oração, na direção espiritual encontram comunhão e descobrem que o matrimônio tem também como finalidade a mútua ajuda, e ajudar a Deus a ter mais filhos e filhas para amar. Luís e Zélia, a cada filho que Deus lhes envia, sentem no coração o dever de agradecer, o oferecem a Deus por Maria, e pedem que sejam religiosos. Oração atendida. Tiveram nove filhos, quatro morreram na infância e as cinco filhas que sobreviveram foram todas consagradas a Deus, quatro no Carmelo de *Lisieux* e uma Visitandina. Entre as carmelitas, a última, a rainha, foi um gênio da espiritualidade.

Queria ser santa, mas, por sua fragilidade física, emocional, não se encontrava capaz de percorrer os velhos caminhos da santidade, feitos de penitência, de dons extraordinários, êxtases, de dons especiais, que fazer? Não desanimou, mas inventou um caminho novo, reto, universal, fácil, feito de amor e de abandono. Durante a vida da mãe Zélia, e depois de sua morte, sempre Deus foi, na família, o centro do amor e do agir. Hoje este exemplo deve reavivar em todos os casais a força do amor, do diálogo, e colocar Deus no centro da família. O resto, as amizades, os interesses pessoais, o trabalho, passam sempre em segundo lugar. A educação integral dos filhos, educação intelectual, espiritual, está em primeiro lugar. O casal Martin educou pouco com as palavras e muito com o exemplo.

## 3. EDUCAR PARA DEUS

É bom lembrar o sentido etimológico da palavra educar. Que é bem educar? Conduzir, conduzir e bem as pessoas, caminhar na frente dos outros, indicando o caminho. O Espírito Santo é o primeiro educador, é ele que nos guia, nos ilumina e nos indica os caminhos que devemos percorrer em nossa vida. Zélia e Luís, pelo menos lendo as cartas, nunca se preocuparam consigo mesmos, mas sempre com os outros. E o pai, mesmo viúvo, necessitado, doente, nunca reclamou diante das decisões das filhas de serem religiosas, mas deu todo o seu apoio. Especialmente no caminho da filha amada Teresa, diríamos que ele fez tudo o que ela queria, para alcançar o seu sonho e ideal de ser carmelita aos 15 anos.

Creio eu que uma das causas porque hoje temos poucas vocações, seja a própria resistência dos pais, que têm um ou dois filhos e os querem para si mesmos, e que, na velhice, cuidem deles. É uma forma sutil de egoísmo, revestido de bem. Os primeiros formadores dos filhos, não é a escola, nem o Estado e nem tampouco a Igreja, mas a família, os pais, os irmãos, e aqueles que gravitam mais perto do núcleo familiar. Eles devem infundir na criança os princípios e os valores humanos e espirituais.

Educar para Deus, para os outros, eis a grande missão da família. E Zélia e Luís de verdade foram educadores, no sentido mais pleno da palavra. Não educaram debaixo de uma redoma de vidro, mas para horizontes abertos e uma sadia socialidade. Educar para a vida e os seus valores, educar para sair do próprio egoísmo e estender a mão para vir em socorro dos pobres, dos últimos e, ao mesmo tempo, sentindo-se necessitados de ajuda. A mesma Igreja reconhece-se impotente muitas vezes para resolver os desafios que envolvem a família. E como poder fazer frente aos meios de comunicação, que perderam o ideal dos valores, mas buscam somente agradar os destinatários, e satisfazer os desejos, os sentimentos, sem ter em conta as consequências negativas. Noventa por cento dos conteúdos da TV exaltam o sexo, a liberdade, a independência, criando confusão e atacando sistematicamente os valores fundamentais da vida.

Faz-se necessário um NÃO, seco, contra toda manipulação, restaurar a verdade e curar as feridas, não abrindo feridas maiores.

O casal santo, Zélia e Luís, não é de super-heróis e nem viveram no deserto, mas são um casal normal, dentro dos padrões normais da sociedade, aberto ao diálogo, ao trabalho, que soube viver o evangelho na realidade humana de alegrias e de sofrimentos, fixando sempre o olhar em Deus. Nada mais e nada menos. É belo lutar para sermos bons e sermos no meio da massa fermento de uma vida nova, e fazer resplandecer os valores do evangelho, que é o caminho para todos.

São Luís e Santa Zélia roguem por nós, e ajudem a todos os casais a viver em plenitude o próprio matrimônio, com *Amoris Laetitia*: a alegria do amor.

Frei Patricio Sciadini, OCD.

# BUSCANDO A DEUS

Nunca caminhamos sozinhos, sempre juntos, e existem momentos em que não sabemos porquê e nem como, as nossas vidas se encontram com outras vidas, e, aí, começamos um caminho juntos, que nos conduz ao encontro de Deus. Se perguntarmos a todos os casais: por que se casaram com aquela mulher ou com aquele homem? A resposta que vamos receber nos surpreende: não sei. Não saberia explicar, um colega de classe, um amigo de infância, o fruto de um passeio, um encontro providencial, muitos motivos, mas que no fim não nos deixam satisfeitos? Para os que não têm fé, foi o acaso, o destino. Para nós, que temos fé, foi Deus em seu amor, que permitiu o encontro, o matrimônio, para viver juntos, e para gerar filhos e filhas para ele.

Vivemos numa sociedade em que temos urgente necessidade, para não dizer urgentíssima, de redescobrir caminhos novos para restituir à família, o seu valor, a sua beleza, a sua necessidade de célula vivente da humanidade, e de pequena Igreja. A ninguém foge a constatação de que a família está numa crise de deterioração, provocada premeditadamente por meios de comunicação e por ideologias que têm como propósito destruir o que existe de mais sagrado, que é o núcleo familiar. Hoje em dia, sejam os psicólogos, como os sociólogos sérios se dão conta de que "muitas das realidades obscuras da sociedade", da criminalidade, dos suicídios dos jovens, do abandono dos velhos, e das crianças desestabilizadas, que se entregam à droga, são frutos da ausência dos pais na família, dos divórcios, dos matrimônios que, por falta de amor e de abnegação de si mesmos alimentados pelo egoísmo e busca da própria felicidade. Devemos reagir, é para isso que a Igreja, por primeira vez, realizou um sínodo sobre a família em 1980, convocado pelo Papa João Paulo II, que teve como fruto a Exortação Apostólica *Familiaris Consortio*, em 1981, e recentemente o Papa Francisco convocou um novo sínodo sobre a família e nos deu como resultado um documento de esperança, de vida e de coragem, abrindo novos horizontes: *AMORIS LAETITIA*.

Os documentos não resolvem os problemas e nem sanam as feridas, mas são necessários para nos orientar e nos fazer compreender que não podemos continuar a "chorar sobre nós mesmos" e ficar de mãos cruzadas. É preciso fazer algo, reagir e tomar novos caminhos, que às vezes são dolorosos e exigem o nosso "mea culpa".

# 1

# UM CASAL SANTO: LUÍS E ZÉLIA

Ao longo da história, encontramos vários casais santos, seja no Antigo como no Novo Testamento, como Abraão e Sara, Joaquim e Ana, os pais da Virgem Maria, ou se quisermos Zacarias e Santa Isabel, encontramos Priscila e Áquila, ou também Gregório e *Nonna*, pais de São Gregório Nazianzeno, doutor da Igreja aos nossos dias, os beatos *Luigi e Maria Beltrami* e tantos outros pais generosos anônimos, que sem dúvida juntos, buscaram a Deus e educaram na fé os próprios filhos.

No enceramento do sínodo da família, o Papa Francisco proclamou santos Luís Martin e Zélia *Guérin*, pais de Santa Teresa do Menino Jesus. Mas qual foi a novidade? Os outros santos casais foram proclamados um independentemente do outro, e, no nosso caso, foram proclamados santos "juntos". Os milagres necessários para a canonização foram atribuídos aos dois, em conjunto.

É importante atribuir a santidade aos dois, aquilo "que Deus uniu o homem não separe". Se isto é verdade pela vida matrimonial, muito mais é verdade pela vida espiritual e no caminho para Deus. Quem de nós não conhece as dificuldades que surgem na disparidade de religião, seja de um lado como do outro. Quem não sabe como é difícil caminhar na vida do amor, quando falta o suporte da fé e da religião, e como isto especialmente prejudica no caminho educativo dos filhos.

O matrimônio religioso não é uma decoração e uma festa, que acaba quando o casal sai da Igreja. É uma verdadeira e autêntica consagração que sela para sempre o amor e o torna de humano, eterno. A vida de São Luís Martin e Zélia *Guérin* são uma proposta vital para todos os casais onde eles, com a própria vida, demonstram que é possível ser santos juntos, empenhados no trabalho, na vida social e na educação dos filhos. Eles não fugiram de suas responsabilidades e nem viveram uma vida de eremitas, ou de beija-flor, mas com um entusiasmo único se dedicaram à vida de cada dia, marcada pelas cruzes, pelos desentendimentos, e sempre tiveram fixos diante de si Deus e o projeto de amor.

Não foram pais possessivos e nem distantes da vida das cinco filhas, que sobreviveram e que todas se consagraram a Deus na vida religiosa: quatro carmelitas descalças no mosteiro de *Lisieux* e uma Visitandina. Zélia e Luís são uma voz profética no mundo de hoje e onde o sentido da paternidade e maternidade não é diluído em ideologia do gênero, do amor liberal, e do "amor enquanto me faz feliz". Os fundamentos teológicos e antropológicos da família não podem ser colocados na balança do relativismo e da discussão: o verdadeiro matrimônio a Igreja repete em alto e bom som para quem quiser entender, é só entre HOMEM e MULHER. Não se trata de imposição, é a realidade, não um machismo e nem feminismo, é a realidade querida por Deus. Podemos compreender todas as outras uniões no plano da mútua ajuda no projeto das leis civis, mas não dentro da Igreja. Não é problema de ser "avançados ou retrógrados", essas categorias não têm espaço na vida da Igreja. À luz do evangelho trata-se de fidelidade a Deus e fidelidade ao projeto querido por ele: "o homem deixará sua casa, se unirá à sua mulher e os dois serão uma só carne". Quem tiver ouvidos para ouvir que ouça!

## *AMORIS LAETITIA*, 1

*A ALEGRIA DO AMOR que se vive nas famílias é também o júbilo da Igreja. Apesar dos numerosos sinais de crise no matrimônio – como foi observado pelos Padres sinodais – "o desejo de família permanece vivo, especialmente entre os jovens, e isto incentiva a Igreja. Como resposta a este anseio, o anúncio cristão sobre a família é verdadeiramente uma boa notícia".*

# 2

# ZÉLIA GUÉRIN

Não é fácil conhecer uma pessoa, cada um de nós é um mistério. Os mistérios não se compreendem com a razão, mas sim com o amor, que nos permite permanecer numa atitude de adoração. Zélia *Guérin*, a Santa mãe de Santa Teresinha do Menino Jesus, tem uma sua história familiar e pessoal, que nos ajuda a compreender a sua missão de esposa, de mãe, de educadora das filhas que Deus lhe confiou.

O pequeno povoado de *Saint Martin*, *Aguilon*, se encontra a trinta quilômetros a sudoeste de *Argentan*, é onde se estabeleceu a família *Guérin*. Segundo os historiadores, a origem da família *Guérin* tem suas raízes seguras no séc. XVII. Temos como notícia certa que, em 24 de novembro de 1857, Guilherme *Guérin* casa-se com *Katerina Huete*, têm cinco filhos, e o maior dele, Pedro Marino *Guérin*, será o avô paterno de Zélia *Guérin*.

Há na família *Guérin* uma pessoa especial, que influenciará os seus descendentes, Marino Guilherme, que será ordenado sacerdote em 1786, e que, com coragem profética, assume uma postura evangélica contra as leis anticlericais do tempo, será colocado na prisão em 1798. Em 15 de março de 1800, será libertado e nomeado pároco em *Boucé*. Terminará os seus dias terrenos deixando uma memória no meio do povo como defensor da fé, no dia 6 de janeiro, festa da epifania, de 1835.

A vida do Padre Marino, homem de fé, que enfrentou com coragem uma situação ambígua da Igreja, colocando-se ao lado de Deus, será relembrado sempre não só pela família *Guérin*, mas também pelo povo que o teve como pastor.

Pedro Marino *Guérin*, o avô de Zélia terá por sua vez sete filhos, um dos quais, Isidoro, que nasceu 6 de julho de 1789, será o Pai de Zélia. Ele mesmo relembrará o tio padre e a situação da Igreja daquele tempo: Igrejas fechadas, profanadas, os sacerdotes deportados e exilados.

## *AMORIS LAETITIA*, 11

*O Deus Trindade é comunhão de amor; e a família, o seu reflexo vivente. A propósito, são elucidativas estas palavras de São João Paulo II: "O nosso Deus, no seu mistério mais íntimo, não é solidão, mas uma família, dado que tem em Si mesmo paternidade, filiação e a essência da família, que é o amor. Este amor, na família divina, é o Espírito Santo".*

# 3

# ISIDORO GUÉRIN

Isidoro *Guérin* não segue a tradição agrícola da família, mas sim escolhe a carreira militar. Nós o encontraremos nas várias campanhas napoleônicas, sempre fiel ao seu dever de militar, mas também fiel à tradição religiosa da família. O ramo materno de Zélia é de origem mais humilde, mas não menos religiosa. O encontro dos pais de Zélia se deu quando Isidoro era militar de infantaria em *Saint-Denis-sur-Sarthon* pelos anos 1822. Um encontro que será coroado com o matrimônio, que se realiza no dia 6 setembro de 1828.

Terão três filhos. A primeira filha Maria Luísa, nascida no dia 31 de maio de 1829, Zélia Maria, mãe de Santa Teresinha, nascida em 23 dezembro de 1831, e por fim Isidoro, nascido no dia 2 de janeiro de 1841.

A família *Guérin*, em 1844, se muda para *Alençon* em busca de oferecer para os filhos uma educação mais aprimorada. No mês de fevereiro de 1843, compram uma casa, lentamente e com muito sacrifício ampliaram a casa, procurando criar uma venda de bebidas. O pai Isidoro, ainda jovem, aposentado do serviço militar, abre um negócio de carpintaria, e a esposa Luísa Giovanna, cuida seja do bar como também da sala de bilhar situada no primeiro andar. A atividade comercial não terá uma longa vida, nenhum dos dois tem capacidade para dirigir, e especialmente, para levar à frente a venda de bebidas. Os clientes não são dos melhores e o lugar se transforma num ponto de bêbados e anticlericais. Por causa disto, fecham o local, e a mesma família se encontrará em dificuldades econômicas até que as duas filhas, Elisa e Zélia, com o trabalho de bordados do famoso "ponto de *Alençon*", ajudaram os mesmos pais e darão posiblidade ao irmão Isidoro de estudar farmacêutica.

Uma família unida, alicerçada sobre sólidos fundamentos humanos e religiosos, que verão os frutos da formação recebida. Elisa será Irmã Visitandina, e Zélia se casará com Luís Martin. Mas quem é este homem enviado por Deus para Zélia?

## *FAMILIARIS CONSORTIO*, 3

*(...) Queridos por Deus com a própria criação, o matrimônio e a família estão interiormente ordenados a complementarem-se em Cristo e têm necessidade da sua graça para serem curados das feridas do pecado e conduzidos ao seu "princípio", isto é, ao conhecimento pleno e à realização integral do desígnio de Deus.*

# 4

## LUÍS MARTIN

Também a família Martin não tem uma longa história e nem descende de progenitores ricos e de fama real, mas são agricultores da Normandia. As primeiras notícias desta família de trabalhadores rurais a encontramos no séc. XVI, onde temos certo Filipe Martin, agricultor de profissão. Em 1775, tem um fulano Giovanni Martin que se casa com *Anna Maria Bohard*, tem quatro filhos. O filho Pedro Francisco, nascido em 16 de abril de 1777, será o avô paterno de Santa Teresa do Menino Jesus. O tio materno de Francisco *Bohard*, que será prefeito da cidade de *Athis* e ficará famoso porque durante a revolução anticlerical, esconderá na própria casa os sinos da Igreja.

Pedro Francisco, passada a tempestade da revolução, escolhe entrar no exército, será um fiel e extremo defensor de Napoleão Bonaparte e chegará ao grau de capitão. Sendo militar, tem uma vida nômade. Nós o encontramos em vários lugares, desempenhando a sua missão de militar e recebendo várias medalhas por sua fidelidade e combatividade.

O 1818 é uma data que dá um novo rumo à vida de Pedro Francisco Martin. Começa a fazer parte da família do capitão *Giovanni Nicola Bourau*, e aí conhece uma filha do seu amigo Ana Maria Fanny. A diferença de idade não impede que eles se amem e se casem. Pedro Francisco tem 41 anos e Anna 18, uma diferença de 23 anos. Em 7 de abril de 1818, celebram o matrimônio.

A vida militar não tem morada fixa, a nova família Martin se vê obrigada a deslocar-se de vez em quando, seguindo onde o capitão Pedro Francisco é enviado. O jovem casal teve cinco filhos. Seria interessante acompanhar o casal nos vários lugares em que passam, mas isto nos levaria longe. Nós preferimos dar somente algumas notícias, que nos permitam compreender melhor o ambiente militar-familiar-religioso dos pais de Santa Teresa do Menino Jesus.

Os primeiros anos da década 1820, a vida militar de Pedro Francisco é bastante agitada, nós o encontramos na expedição da Espanha. Durante este tempo de separação do marido a encontramos na casa de amigos em *Bordeuax*, onde, em 22 de agosto de 1823, nasce Luís Martin. Será batizado, mas todos os ritos do batismo serão feitos quando volta o pai da expedição militar na Espanha.

Pedro Francisco, depois de uma gloriosa vida militar, se aposentará e voltará a viver na sua amada Normandia. A sua vida militar, podemos ver pelas medalhas recebidas, foi edificante. Mas também a sua vida religiosa, o seu amor à Igreja. Aos seus companheiros militares, que se maravilhavam porque, depois da consagração da Missa, ficasse longo tempo de joelhos, respondia-lhes: "dizei-lhe que eu creio!".

Para favorecer aos filhos uma educação melhor, também os Martin renunciam à própria terra de *Athis-de l'Orne* e se estabelecem em *Alençon*, cuja fama é bastante controvertida. Há quem vê esta cidade de Normandia como uma terra bonita, mas triste, e quem a considera como lugar "que não tem nada a contar aos amigos". E outros ainda cantam a beleza da cidade e de suas Igrejas, e a gentileza do povo. O fato é que aí é possível ter uma educação melhor. Tem a presença da escola dos irmãos das Escolas Cristãs, e um colégio para as meninas. Uma cidade que tem um passado glorioso também histórico, pela presença dos duques de *Alençon*. Um povo de fé adulta, madura, que se tem colocado ao lado da Igreja, escondendo nas famílias os sacerdotes perseguidos pelos anticlericais. São tempos difíceis para a Igreja, mas a fé popular não falta nas cidadezinhas do interior da França.

Pedro Francisco Martin seja no ambiente militar como no civil e com seus colegas, nunca se envergonha da sua fé e da sua adesão sincera à Igreja. O casal terá cinco filhos, mas sobreviverá só Luís Martin, o pai de Santa Teresinha.

---

## *AMORIS LAETITIA*, 13

*(...) Jesus citando o Gênesis: "Unir-se-á à sua mulher e serão os dois um só" (Mt 19, 5; cf. Gn 2, 24). No original hebraico, o verbo «unir-se» indica uma estreita sintonia, uma adesão física e interior, a ponto de se utilizar para descrever a união com Deus, como canta o orante: "A minha alma está unida a Ti" (Sl 63/62, 9). Deste modo, evoca-se a união matrimonial não*

*apenas na sua dimensão sexual e corpórea, mas também na sua doação voluntária de amor.*

---

5

# UM CAMINHO DIFERENTE

Luís Martin não seguirá o caminho militar do pai, embora, em sua primeira infância, ele frequentará as escolas dirigidas por militares, onde aprende a ler e escrever. O contato se interrompe quando ele tem 7 anos, em dezembro de 1830, na transferência para Normandia, fixando a própria morada em *Alençon*. É muito provável que o pequeno Luís frequente a escola dos Irmãos de La Salle, que têm um ótimo colégio. Pouco sabemos desse tempo de sua infância, a não ser que, no dia 25 de maio de 1834, recebe a primeira comunhão na Igreja de *Saint-Pierre-de-Monsort*.

O encontramos em *Rennes* (1842-1843) como ajudante de relojoeiro. Podemos nos perguntar como ele escolheu seguir a carreira de relojoeiro no lugar de ser militar? Parece que, naquele tempo, havia muitos militares e que recebiam metade do pagamento estabelecido, e então não seria um trabalho que oferecesse uma certa tranquilidade econômica.

Durante a sua permanência em *Estrasburgo*, ele será hóspede de um amigo da família, que exercerá o trabalho de relojoeiro, e aí terá contato com outros trabalhadores no mesmo ramo. E Luís lentamente encontrará neste trabalho um lugar de paz e de tranquilidade.

---

## *AMORIS LAETITIA*, 15

*(...) Inesquecível é a cena descrita no Apocalipse: "Olha que Eu estou à porta e bato: se alguém ouvir a minha voz e abrir a porta, Eu entrarei na sua casa e cearei com ele e ele comigo" (3, 20). Esboça-se assim uma casa que abriga no seu interior a presença de Deus, a oração comum e, por conseguinte, a bênção do Senhor.*

---

# 6

## ÓTIMO RELOJOEIRO

Para aprender a profissão de relojoeiro o jovem Luís, já com 19 anos, decide se transferir a *Rennes*, na casa de Luís *Bohard*, relojoeiro de profissão. O encontro com o silêncio, com a bela natureza cheia de verde e de paz, ajudará Luís Martin a se inserir na história da Normandia, no seu folclore e nas suas tradições humanas e religiosas. É desse tempo que temos algumas cartas que os pais lhe escrevem, em ocasião do seu Santo padroeiro, o dia 21 de junho, São Luís Gonzaga.

A mãe lhe escreve: "gostaria de poder estar a teu lado no dia do teu onomástico, mas devemos agradecer a Deus pela cruz que ele nos dá e agradecê-lo por todas as graças que ele nos doa. Fiquei muito feliz quando vi a tua fotografia vestido com o costume bretão e pelo teu entusiasmo... quantas vezes eu penso em ti durante a minha oração. Seguindo o entusiasmo do meu coração lanço-me aos pés da divindade, e rezo com todo o meu coração e com todo o meu fervor, para que Deus derrame sobre todos os meus filhos a felicidade e a paz, de que tanto necessitamos nesta terra, cheia de tempestades..." (tradução livre).

Também o pai escreverá ao filho distante uma carta prática, onde ele dá alguns conselhos: "tua mãe te envia dois pares de meias, que ela mesma fez, espero que sirvam e que durem. Fanny e Sofia te enviam parabéns pelo dia do teu onomástico. Desejaria estar aí para fazer um 'brinde', mas façamos a vontade do Divino mestre. Graças a Deus estamos bem de saúde. Cumprimenta a todos em meu lugar." (tradução livre).

Nós vivemos numa sociedade de um anticlericalismo escondido, mas na verdade presente e que atua em secularizar e laicizar sempre mais a nossa vida cotidiana. O exemplo dos pais, seja de Luís Martin como de Zélia *Guérin*, nos estimula a não nos envergonhar da nossa fé, do nosso pertencer à Igreja. Ser cristão não é fundamentalismo e nem sentimentalismo, mas sim o fruto de uma experiência do amor de Deus na nossa vida. Ele, bom pastor, nunca nos abandona, mesmo que atravessemos o vale escuro das dúvidas e da secularização.

Luís Martin, em seu trabalho de relojoeiro, é consciencioso, atento, e ao mesmo tempo dedica o seu tempo livre à leitura, que ele ama muito. Possuímos uma serie de cadernos onde ele mesmo transcreve trechos de literatura dos grandes autores franceses. Textos alguns que ele mesmo, mais tarde, em sua maturidade espiritual e humana, "cancelará". Mas exatamente, que autores encontramos?

No caderno de anotações de Luís Martin encontramos autores românticos, filósofos, políticos, religiosos, como Chateaubriand, La Martine, Victor Hugo, La Fontaine, Racine, Bufon, Voltaire... Manifesta uma grande atração para a cultura que mais tarde transmitirá também às suas filhas.

Sabemos que Luís Martin é um apaixonado viajar, turista, que ama contemplar a natureza, as belas igrejas e obras de arte espalhadas pela França. Nos seus cadernos, encontramos também textos de história da sua amada França. Ele é um patriota sincero e dedicado. Tem um amor particular a Santa Joana d'Arc, heroína da libertação da França, a qual Teresa do Menino Jesus terá uma devoção especial.

---

### *FAMILIARIS CONSORTIO*, 11

*(...) Deus é amor e vive em si mesmo um mistério de comunhão pessoal de amor. Criando-a à sua imagem e conservando-a continuamente no ser, Deus inscreve na humanidade do homem e da mulher a vocação, e, assim, a capacidade e a responsabilidade do amor e da comunhão. O amor é, portanto, a fundamental e originária vocação do ser humano.*

---

# 7

# OS AUTORES ESPIRITUAIS

Embora naquele tempo a bíblia não fosse um livro usado pelos cristãos como hoje, Luís Martin possui uma bíblia própria, que lê e medita com certa assiduidade, quando está livre em seu trabalho. Nos cadernos de caráter espiritual encontramos transcritas muitas passagens bíblicas. Tem um amor especial pelo evangelho de São João, transcreve textos de São Boaventura, de São Francisco de Assis, de São Francisco Xavier, de Fenelon, de uma Carmelita Descalça, naquele tempo conhecida na França, Irmã *Marie-de-Saint Pierre*, e do Beato *Theofane Venard*, que também influenciará a espiritualidade missionária de Teresa. A meditação destes textos alimenta a vida espiritual de Luís Martin, que tem uma preocupação especial em manter viva a sua fé, numa sociedade descristianizada.

É fiel às celebrações festivas da Igreja, em que ele manterá sempre fechada sua relojoaria. Tem clara a consciência em si mesmo: *"Deus antes de tudo, amá-lo com toda sua força, e glorificá-lo em todas as circunstâncias".* O encontramos sempre comprometido nas pastorais da Igreja: ajuda os pobres, participa da adoração noturna ao Santíssimo Sacramento, e vive uma vida de intensa oração pessoal.

Numa página de seus escritos encontramos uma frase que ele mesmo escreveu no centro de uma coroa de flores:

*"Glória a Deus onipotente!*

*Escrito integralmente por mim mesmo, em Rennes, em 21 de maio de 1843.*

*E a Virgem Maria.*

*LUÍS JOSÉ ALOÍSIO ESTANISLAU MARTIN*

*Que o Senhor seja glorificado sobre toda a terra!"*

## *AMORIS LAETITIA*, 16

*A Bíblia considera a família também como o local da catequese dos filhos. Vê-se isto claramente na descrição da celebração pascal (cf. Ex 12, 26-27; Dt 6, 20-25).*

# 8

# LUÍS MARTIN BUSCADOR DE DEUS

Deus é o centro da vida do jovem Luís Martin. É silencioso, contemplativo, mas não estranho à vida social e religiosa. O seu desejo de Deus, de doar-se a uma vida de oração e... monástica o leva a encontrar em sua agenda de viagens profissionais um espaço para visitar o mosteiro do grande São Bernardo, onde tem uma comunidade religiosa que desenvolve a sua missão de louvor a Deus, e de ajuda aos peregrinos, que se perdem nas viagens entre as nuvens eternas. Ainda não tem o GPS que indica os caminhos. No livro dos visitantes do mosteiro, no dia 14 de setembro, festa da Santa Cruz, tem a assinatura de Luís Estanislau Martin. Estamos a 2472 metros de altura. Em setembro de 1843, encontramos Luís em *Estrasburgo*, na casa de *Aimé Mathey*, amigo de família e de profissão, relojoeiro. Aí permanece durante dois anos. Luís se dedica também à natação e salvará o filho de *Aimé*, que corria o risco de se afogar. Aprende o alemão, e, no tempo livre, se dedica a passeios para conhecer os lugares amenos e silenciosos, que restauram a sua alma. O desejo de oração e de uma vida dedicada totalmente a Deus o leva a buscar a vida religiosa, e pede para ser admitido entre os monges do Mosteiro do São Bernardo.

Outubro de 1845... encontramos de novo Luís na hospedaria do Mosteiro de São Bernardo, e num colóquio com o Prior do mosteiro manifesta o seu desejo de ser monge. Um diálogo breve, mas definitivo, que levará Luís a tomar outra decisão.

O Prior lhe pergunta: "você conhece o latim? Necessário para participar dos ofícios litúrgicos?". A reposta negativa por parte de Luís fecha a porta a esse seu desejo.

Luís não se dá por vencido. Volta para a sua vida normal, mas sabemos que, por um ano, ele se dedica ao estudo do latim, encontra um professor particular. Recebe 120 aulas de latim do professor *Wacquerie*, um gasto que não pesa. Depois faz um exame com o decano Dom *Jamot*, com quem fez um discernimento vocacional.

O que aconteceu? O estudo forçado, os sacrifícios do trabalho comprometem também o equilíbrio físico e emocional do jovem Luís Martin, que, em 1847, abandona o estudo do latim, conforme encontramos numa nota nos seus cadernos pessoais. Vende o dicionário latino-francês e lentamente abandona a ideia de ser um monge de São Bernardo. A filha, Irmã Genoveva, carmelita de *Lisieux*, nos oferece uma anotação importante: "não foram os monges a não aceitar como monge o meu pai, mas sim ele mesmo, que compreendeu que não conseguia aprender o latim".

Luís, com os seus 23 anos, percebe que não convém insistir sobre o caminho da vida religiosa, e não conhecemos se ele tentou entrar em outras Congregações presentes na França. O que é importante é que este "fracasso" não diminui a sua fé e a sua busca sincera de espaços de tempo para dedicar-se à oração. É um momento de purificação, e se dedica totalmente ao seu trabalho e à sua vida de estudo e de oração.

## *AMORIS LAETITIA*, 16

*(...) A família é o lugar onde os pais se tornam os primeiros mestres da fé para seus filhos. É uma tarefa «artesanal», pessoa a pessoa: "Se amanhã o teu filho te perguntar (...), dir-lhe-ás..." (Ex 13, 14). Assim, entoarão o seu canto ao Senhor as diferentes gerações, "os jovens e as donzelas, os velhos e as crianças" (Sl 148, 12).*

9

# E ZÉLIA GUÉRIN?

Não a abandonamos, ela depois de ter terminado os estudos com sua irmã Luísa, tenta inserir-se no trabalho e consegue abrir um pequeno comércio do famoso ponto de *Alençon*. Os pais, seja de Zélia e de Luís Martin, se deslocam a *Alençon*, não em busca de uma vida mais tranquila, mas para oferecer aos filhos uma educação aprimorada. É muito importante esse aspecto, sempre atual e presente em verdadeiros pais, que muitas vezes deixam a própria comodidade, amizades, trabalhos, para que os filhos possam ter uma formação humana e intelectual melhor. Hoje em dia temos tantas vezes mesmo nos pais um egoísmo, que se preocupa da própria felicidade e não dos filhos.

Como todas as mudanças trazem mudanças não somente de lugar, mas de costumes, na família *Guérin* se vive um clima de ordem "militar". A senhora *Guérin* é uma mulher rígida, tradicional, que se impõe não com o diálogo, mas com a disciplina, e, se ela tem uma preferência, a tem pelo filho Isidoro. O pai, embora não seja ausente, tem um caráter severo e militar, não dialoga muito, ordena e quer ser obedecido sem muitas discussões.

Zélia tem um caráter sensível e sofre desse estilo de vida, e especialmente não se sentir amada e apreciada pela mãe. De fato, numa carta ao seu irmão Isidoro no dia 7 de novembro de 1865, escreve: "a minha infância, a minha juventude foi triste como um sudário, porque se a mãe te viciava, comigo e tu o sabes bem, era demasiadamente severa; era muito boa, mas não sabia me compreender, e assim o meu coração sofreu muito". Palavras que nos deixam entrever o coração delicado de Zélia e o seu sofrimento na convivência familiar muito austera, embora com um afeto e atenção.

Lentamente o caráter de Zélia se vai afirmando e tomando um caminho de autonomia, graças à escola, nas Irmãs dos Sagrados Corações, que tinham uma escola em *Alençon*.

## *FAMILIARIS CONSORTIO*, 12

*A comunhão de amor entre Deus e os homens, conteúdo fundamental da Revelação e da experiência de fé de Israel, encontra uma significativa expressão na aliança nupcial, que se instaura entre o homem e a mulher. (...) Mas a infidelidade de Israel não destrói a fidelidade eterna do Senhor e, portanto, o amor sempre fiel de Deus põe-se como exemplar das relações do amor fiel que devem existir entre os esposos.*

# 10

# BUSCANDO A VIDA RELIGIOSA

A vida religiosa, seja para Luís Martin como para Zélia *Guérin*, não é uma fuga, mas sim um caminho para dar-se totalmente ao serviço do Senhor. Na família *Guérin* as duas filhas Eliza e Zélia se orientam para a vida religiosa. Eliza será Visitandina e muita influência terá sempre na vida de Zélia, especialmente na educação das filhas e em modo particular de Leônia. Zélia se orienta para uma vida de mais atividade, e de contato com o povo necessitado, e tentará entrar na Congregação das Filhas de São Vicente de Paulo. Conta-se que em um dia, provavelmente no ano 1850, Zélia acompanhada por sua mãe, se dirige ao convento das Irmãs Vicentinas, que toma conta do hospital em *Alençon*, e são conhecidas por seu estilo de caridade, e pede à superiora para ser admitida para a vida religiosa. A superiora a esquadrinha de alto a baixo e profere a sua sentença, como um balde de água gelada: "você não tem vocação, pode voltar para sua casa!".

É difícil saber o porquê deste juízo rápido, apressado. Pode ser pelo breve diálogo, pela frágil saúde ou por outros motivos. Zélia volta para a casa, silenciosa, desiludida, mas não abatida. Revê a sua vida, se dedica ao trabalho do ponto de *Alençon*, e pensa no matrimônio, mas com quem?

## *AMORIS LAETITIA*, 21

*O próprio Jesus nasce numa família modesta, que às pressas tem de fugir para uma terra estrangeira...Conhece as ansiedades e as tensões das famílias, inserindo-as nas suas parábolas: desde filhos que deixam a própria casa para tentar alguma aventura (cf. Lc 15, 11-32) até filhos difíceis com comportamentos inexplicáveis (cf. Mt 21, 28-31) ou vítimas da violência (cf. Mc 12, 1-9). Interessa-Se ainda pela situação embaraçosa que se vive numas bodas pela falta de vinho (cf. Jo 2, 1-10) ou pela recusa dos convidados a participar nelas (cf. Mt 22, 1-10), e conhece também o pesadelo que representa a perda duma moeda numa família pobre (cf. Lc 15, 8-10).*

---

## 11

# OS CAMINHOS DE DEUS... SÃO DIFERENTES

Luís, depois do Não do Prior do Mosteiro de São Bernardo, retoma, embora com um véu de tristeza, o seu trabalho de relojoeiro, e Zélia, depois do Não das Irmãs Vicentinas, retoma o seu projeto de ser "alguém" no ponto de *Alençon*, na espera que apareça o príncipe azul.

Luís encontra hospitalidade nos amigos de Paris, essa grande cidade, que oferece de tudo, possibilidades profissionais, e diversões sociais. Uma visão mais global da vida da segunda metade de 1800.

Na França tem um grande reboliço político. Anuncia-se uma revolução social, o mesmo La Martine, homem político, romancista e poeta, que teve grande influência na sociedade do seu tempo, nasceu em Macon em "1790-1869", no fim da vida, ficou isolado em seu pensamento, e escreveu: "falei demais, escrevi demais, agi demais, para conseguir concentrar-me em uma única obra fundamental e duradoura do pouco talento que a natureza me deu!". Este autor era um dos proferidos de Luís Martin, um autor que nunca foi contra a Igreja, e que falava de uma revolução social à luz do Evangelho.

A sociedade francesa vai mudando de orientação, é o tempo em que Karl Marx publica o seu manifesto do partido comunista. Novas filosofias sociais e políticas estão surgindo, ao mesmo tempo teremos a figura católica de Frederico Ozanam, fundador das obras de caridade, que se inspiraram em São Vicente de Paulo, e sua atenção é para os últimos, os indefesos, os pobres, que são cada vez mais visíveis e invisíveis, que levam uma palavra de consolação e de estímulo para não perder a esperança.

Frederico Ozanam exerceu um grande apostolado e teve a genial ideia de criar, sob a proteção de São Vicente de Paulo, o santo que chamava os pobres "meus senhores", aquela iniciativa de grupos que tinha como missão ajudar os pobres, não só materialmente, mas a criar neles a esperança de um futuro melhor e de uma inserção na sociedade.

A vida em Paris não era fácil para um jovem bonito como Luís, mas ele permanece unido a Deus e na oração e na participação, seja da Santa Missa e as atividade em favor dos pobres, sabe manter-se fiel à própria vocação como cristão.

Terminada a sua estadia em Paris retorna definitivamente a *Alençon*. Graças a uma piedosa e rica senhora, *Felicité Beaudouin*, bem conhecida e presidente da Adoração Eucarística, consegue comprar uma bela casa ao preço de seis mil francos, que se empenha em devolver em 15 anos. Abandona a ideia de ser monge definitivamente e pensa seriamente em seu futuro profissional, religioso e humano.

O comércio da relojoaria tem um bom sucesso e ele aumenta também com um pequeno negócio de joalheria e bijuteria, que está na moda na pequena cidade rural de *Alençon*.

Todos admiram o jovem Luís Martin, que está totalmente dedicado ao trabalho e à Igreja, ao ponto que ele toma uma decisão à qual será fiel por toda a vida: domingo é o dia do Senhor, e não abre o negócio por nenhum motivo no mundo, não importa as críticas e nem se perderá clientes.

Ele é consciente de sua decisão e santifica o domingo entre a participação Eucarística, Adoração ao Santíssimo Sacramento, o canto das vésperas e a visita aos doentes e pobres. Não devemos pensar em Luís como num monge "falido". Ele sabe também se divertir com os amigos, ama o jogo do bilhar, da pesca, e fazer longos passeios pelos bosques de *Alençon*.

---

### *AMORIS LAETITIA*, 22

*(...) A Palavra de Deus não se apresenta como uma sequência de teses abstratas, mas como uma companheira de viagem, mesmo para as famílias que estão em crise ou imersas nalguma tribulação, mostrando-lhes a meta do caminho, quando Deus "enxugar todas as lágrimas dos seus olhos, e não haverá mais morte, nem luto, nem pranto, nem dor" (Ap 21, 4).*

---

## 12

## NA UNIVERSIDADE DA VIDA

É importante frequentar a escola, a universidade, em que se aprende a conhecer o passado e o presente, e a nossa mente se abre à universalidade. Santo Agostinho diz que quem não viaja é como ler uma página de um livro e quem viaja lê o livro todo. Em Luís Martin conhecemos as duas realidades, o amor à leitura e o amor às viagens... e em seu coração um peregrino nômade, que quer conhecer a cidade, costumes e igrejas.

Em *Alençon*, nos momentos livres do trabalho, ele se encontra com amigos fiéis e ... religiosos. Entra no clube dos irmãos *Romet*, chamado assim por causa de um dos fundadores. É um círculo recreativo, tem um *caráter* de mútua ajuda e também certo voluntariado ao serviço da paróquia.

Há um fato curioso: naquele tempo era moda as sessões espíritas, e organizaram uma sessão no círculo *Romet*. Todos foram convidados, mas Luís não aderiu, e a sessão não deu certo. Foi um "fiasco", e alguém espalhou a notícia de que foi por causa das orações de Luís Martin.

A diversão que ele preferia era a pesca, um esporte silencioso e meditativo, e felizes eram as monjas Clarissas do Mosteiro de *Alençon* que saboreavam os peixes pescados por Luís Martin. Mais tarde, quando ele estiver em *Lisieux* e suas quatro filhas forem monjas, a pesca é para o mosteiro carmelitano.

Em seu trabalho, desempenhado com seriedade e honestidade, Luís não esquece a sua vida de oração, de leitura espiritual. Ao redor do ano 1852, com grande desapontamento da mãe, ele recusa uma proposta de matrimônio. Embora tenha abandonado a ideia de ser monge, no seu coração mantem o desejo de uma vida retirada, silenciosa, meditativa. Por isso que, em 1857, compra, perto da Igreja de *Saint-Pierre-de-Monsort*, uma pequena casa ao preço de 1500 francos. Uma casa em forma hexagonal, com uma pequena torre, aquele que se chamará "o Pavilhão", citado também por Santa Teresa do Menino Jesus. Luís o transforma num pequeno oratório, coloca bem em vista a famosa imagem de Nossa Senhora, que depois de ter sorrido à Santa Teresinha, será chamada a Virgem do Sorriso. Nas paredes, coloca frases que recordam a presença de Deus, a vida eterna, como "Deus meu, bem-aventurados os que observam as leis do Senhor...".

Não é um monge falido, mas sim um homem adulto e maduro, que não se deixa abater pelas dificuldades e que chega a compreender que se pode ser apaixonado por Deus e santo, também na vida cotidiana, levada à frente com seriedade e com amor. O matrimônio para Luís não será um refúgio, mas sim uma decisão tomada seriamente e com convicção, onde vê que seria possível mesmo viver numa castidade perfeita. Essa convicção, ele a tem recebido das suas leituras de vida de santos. Há uma frase de Santa Edith Stein, a carmelita morta no campo de concentração nazista, que me parece podemos aplicar à vida de Luís e Zélia: "Deus nos conduz; não sabemos para onde nos conduz, mas ele nos conduz!". É um abandono confiante na providência de Deus, que constrói como Ele quer a nossa história.

## *FAMILIARIS CONSORTIO*, 13

*A comunhão entre Deus e os homens encontra o seu definitivo cumprimento em Jesus Cristo, o Esposo que ama e se doa como Salvador da humanidade, unindo-a a Si como seu corpo. Ele revela a verdade originária do matrimônio, a verdade do "princípio" e, libertando o homem da dureza do seu coração, torna-o capaz de a realizar inteiramente.*

# 13

# ZÉLIA

Voltemos a fixar o nosso olhar sobre o caminho humano espiritual de Zélia *Guérin*, um caminho feito de trabalho, de simplicidade, e de uma vida de fé, que a leva a abrir os olhos sobre o seu futuro. Zélia vê o Não da Superiora das Vicentinas como uma expressão da vontade de Deus. Coloca aparentemente de lado a ideia de ser religiosa, embora muitas vezes nas cartas que escreve a sua irmã Eliza, no convento das Visitandinas, Soror Dositea, sente a nostalgia de não ter realizado a sua vocação, como queria, no convento, mas é uma saudade serena, nada de angústia e de arrependimento.

"Meu Deus, visto que não sou digna de ser uma vossa esposa, como minha irmã, me casarei para cumprir a Vossa Santa Vontade. Então Vos peço, dai-me muitos filhos e que todos Vos sejam consagrados!"

No coração de Zélia há um desejo ao qual ela não renuncia: "ser santa". Vale a pena transcrever um trecho de uma carta que ela escreve em 1876 à sua filha Paulina: "não faço outra coisa que sonhar com o claustro e a solidão. Não sei de verdade, com as ideias que tenho, que esta não foi a minha vocação. O ficar solteira ou ser monja. Agora desejaria viver muito tempo até ser velha e retirar-me na solidão, quando todos os meus filhos forem grandes. Mas me dou conta de que todas estas ideias são sem sentido, por isso que não fantasio muito sobre isto. É muito mais importante dedicar o tempo pensando no presente que no futuro". Será Zélia uma vez casada a colocar equilíbrio afetivo na vida de Luís. Juntos eles decidiram ter muitos filhos, e todos serão consagrados a Deus, e caminharam juntos, até chegar à santidade, reconhecida pela mesma Igreja.

---

### *AMORIS LAETITIA*, 29

*Com este olhar feito de fé e amor, de graça e compromisso, de família humana e Trindade divina, contemplamos a família que a Palavra de Deus confia nas mãos do marido, da esposa e dos filhos, para que formem uma comunhão de pessoas que seja imagem da união entre o Pai, o Filho e o Espírito Santo.*

---

## 14

# ZÉLIA, BOA EMPRESÁRIA

Zélia tem 20 anos. As portas do convento estão fechadas. A sua irmã Eliza pensa na vida religiosa Visitandina, a mãe e o pai envelhecem, Isidoro está estudando farmacêutica em Paris. Que fazer?

Junto com a sua irmã Eliza, Zélia exerce o trabalho de costureira para ajudar nas despesas da família. Em *Alençon* muitas jovens começam a se dedicar ao trabalho no "ponto de *Alençon*", que cresce sempre mais por causa das demandas das grandes cidades. É uma atividade que começou timidamente no séc. XVI, Zélia aprendeu esse trabalho delicado e artístico frequentando a escola das Adoradoras do Santíssimo Sacramento. Zélia não é acostumada a tomar decisões sérias sem antes rezar e fazer uma novena à Virgem Maria Imaculada.

No dia 8 de dezembro de 1851, ela sente em seu coração como que uma voz que lhe diz "ajuda a fazer o ponto de *Alençon*". Essa voz interior, ela a interpreta como que ela mesma deve ajudar outras pessoas nesse trabalho delicado, que exige pessoas expertas para ser levado à frente. A partir disso, Zélia procura os meios para colocá-la em prática, e assim, no 1852, começa a atividade de trabalho do ponto de *Alençon*. As demandas de Paris e de outros centros aumentam, ela escreve à sua irmã Eliza: "como temos podido, sem nenhum recurso econômico, sem nenhuma experiência no comércio, levar para frente o trabalho e encontrar em PARIS negócios que nos tem tido confiança em nós? Tudo isto aconteceu com rapidez ao ponto que o dia depois podemos começar o trabalho".

Superadas as práticas burocráticas, Zélia começa o trabalho no pequeno laboratório do ponto de *Alençon*, que a mãe quer no nome de Eliza e não de Zélia. Também essa é uma pequena ferida em seu coração sensível. Toda quinta-feira as jovens de *Alençon* vêm pegar o trabalho que fazem nas próprias casas e devolvem na outra quinta-feira. Zélia se reserva o trabalho mais delicado, o de unir em forma artística os vários pedaços de bordados que trazem as jovens operárias.

Podemos considerar o ano 1858 como ano decisivo para as duas irmãs *Guérin*, Eliza toma a decisão de ser religiosa Visitandina, e Zélia a decisão do matrimônio, dois caminhos diferentes, mesmo que as une o mesmo ideal de santidade e de serviço à Igreja e ao povo de Deus, que necessita de exemplos evangélicos. Embora vão se separar, as duas irmãs permanecerão sempre unidas por um laço de afeto profundo e de mútua ajuda.

Zélia pensa seriamente no matrimônio ao ponto de, em uma carta ao seu irmão Isidoro, traçar o perfil da esposa ideal, assim como ela sente que deveria ser: "tu sabes que nem tudo o que brilha é ouro, o essencial é buscar uma mulher verdadeira, mulher de casa, que não tenha medo de sujar as mãos no trabalho, e que não seja preocupada com as coisas externas mais do que o necessário, que saiba crescer os seus filhos no trabalho e na piedade".

É uma mulher ativa, dinâmica, totalmente dedicada ao trabalho, aos afazeres de casa, e boa comunicadora na venda dos seus produtos. Não está preocupada demasiadamente com o dinheiro, embora saiba que será necessário para ter uma vida digna, seja para ela ou para os pais. É generosa com os pobres, e ajuda silenciosamente os que a ela recorrem.

Também para Zélia, como para Luís, Deus está no centro de tudo, ele deve ser servido com amor e temor. É cordial, sabe criar amizades com as pessoas, mas sabe também se manter numa privacidade interior, que lhe permite a sua vida de oração, e de trabalho numa maneira harmoniosa.

A pequena empresa de Ponto de *Alençon* cresce cada vez mais, os clientes buscam os seus trabalhos por serem bem feitos, bonitos, como também a relojoaria de Luís cresce e dá os seus frutos. Dois trabalhos que exigem silêncio, atenção e reflexão.

---

### *AMORIS LAETITIA*, 29

*(...) A atividade geradora e educativa é um reflexo da obra criadora do Pai. A família é chamada a compartilhar a oração diária, a leitura da Palavra de Deus e a comunhão eucarística, para fazer crescer o amor e tornar-se cada vez mais um templo onde habita o Espírito.*

---

## 15

# ZÉLIA E LUÍS SE... ENCONTRAM

Se na vida há um mistério que nos deixa sem palavras, é a vocação. "Por que você é carmelita?", tantas vezes os jovens me têm perguntado, e a minha resposta é sempre a mesma. "Não sei". O Senhor sabe, é ele que nos conduz e nos leva por estradas que jamais teríamos pensado. E, se você perguntar com seriedade a si mesmo por que você se casou com aquela mulher ou aquele homem? A resposta também é a mesma: "não sei". O encontrei uma vez, nos olhamos e nos reencontramos, até que um dia decidimos nos casar. É um mistério. Assim na vida de Zélia e Luís, o matrimônio deles tem um sabor de mistério.

Luís tem 35 anos, e não se decide a casar-se, a mãe se preocupa com esse filho e, como todas as mães, se perguntam: "que será dele quando eu morrer? Que vai fazer sozinho e sem esposa, sem filhos, e assim meditativo e silencioso?". Luís não enfrenta diretamente o tema do matrimônio, embora entre os seus escritos aparecem textos transcritos, em que se fala do matrimônio, vivido em perfeita continência entre os esposos. O exemplo da Virgem Maria e São José, um autêntico matrimônio, mas vivido no amor esponsal, que vai além da comunhão dos corpos. Luís estuda, se aconselha e aprofunda essa visão do matrimônio, mas onde encontrar uma mulher disposta a isso?

A senhora Fanny, mãe de Luís, para encontrar uma ajuda na economia familiar entra a fazer parte das mulheres que trabalham no laboratório de Zélia *Guérin*, onde vai para pegar o trabalho e trazer de volta o ponto de *Alençon*. Ela fica maravilhada e admirada da seriedade dessa jovem, do seu comportamento, do seu estilo de vida.

Entre as duas nasce uma amizade e, creio eu, embora não tenhamos documentos que o confirme, devem falar juntas de Luís e a mãe o apresenta com todas as virtudes possíveis.

## *FAMILIARIS CONSORTIO*, 13

*(...) o matrimônio dos batizados torna-se assim o símbolo real da Nova e Eterna Aliança, decretada no Sangue de Cristo.*

## 16

# A CENTELHA DO AMOR

Estamos provavelmente no mês de abril de 1858. Zélia atravessa a ponte São Leonardo sobre o rio *Sarthe* e cruza com um jovem que vem do outro lado. Ela sente em seu coração uma voz que lhe diz: "é este que eu tenho preparado para você". Perguntou o nome e aí nasceu o amor. Um amor que foi crescendo e que desemboca, em pouco tempo, no matrimônio... depois deste primeiro encontro, as famílias se conhecem, nasce uma empatia natural. Eliza apressa a sua entrada no convento das Visitandinas em Le Mans, Zélia sente-se mais livre para organizar o seu futuro.

Um noivado super-rápido, se conhecem em abril de 1858 e se casam o dia 13 julho de 1858. Três meses... Naquele tempo, não consegui compreender o porquê, pode ser pela situação religiosa que se vivia na França, eles se unem no sacramento do matrimônio à meia noite, na igreja de

*Notre Dame* de *Alençon*, diante do sacerdote Frederico Hurel, que é também o diretor espiritual do esposo.

Os esposos se deslocam à casa Martin renovada, onde é possível ter, no mesmo edifício, seja o laboratório de Zélia do Ponto de *Alençon*, seja a relojoaria e joalheria de Luís. Os pais de Luís ocupam o segundo andar da casa, assim uma nova família cristã floresce na harmonia e no trabalho.

---

### *AMORIS LAETITIA*, 41

*Os Padres sinodais aludiram a certas «tendências culturais que parecem impor uma afetividade sem qualquer limitação, (...) uma afetividade narcisista, instável e mutável que não ajuda os sujeitos a atingir uma maior maturidade». Preocupa a «difusão da pornografia e da comercialização do corpo... Neste contexto, por vezes os casais sentem-se inseguros, indecisos, custando-lhes a encontrar as formas para crescer. Muitos são aqueles que tendem a ficar nos estádios primários da vida emocional e sexual. A crise do casal desestabiliza a família e pode chegar, através das separações e dos divórcios, a ter sérias consequências para os adultos, os filhos e a sociedade, enfraquecendo o indivíduo e os laços sociais». As crises conjugais são «enfrentadas muitas vezes de modo apressado e sem a coragem da paciência, da averiguação, do perdão recíproco, da reconciliação e até do sacrifício».*

---

## 17

# FILHOS OU NÃO FILHOS?

Os primeiros meses passam serenos, tranquilos, parece que os dois têm feito um pacto de viver como marido e mulher, mas sem relações sexuais. Um matrimônio casto como o da Virgem Maria e de São José. Um estilo de vida que não é contrário aos ensinamentos da Igreja, mas que sem dúvida não é compreendido na maior parte das pessoas. Parece um absurdo, mas no amor verdadeiro tudo é possível, e o que se oferece não constitui uma renúncia dolorosa, pesada, mas sim uma fonte de alegria e de uma fecundidade espiritual.

Um caminho "juntos" como esposos, e sem dúvida entre eles deve ter existido momentos de diálogo, de um lado a firme vontade de Luís de continuar nesta vida a dois, mas sem união sexual e consequentemente sem filhos, e de outro lado o desejo de Zélia de ser mãe de muitos filhos e de vê-los todos consagrados a Deus.

Finalmente, com a ajuda do bom e sábio diretor espiritual Padre Hurel, que já há tempo conhece Luís, consegue fazer compreender aos dois que sexualidade e santidade não são inimigas, mas sim se harmonizam no sacramento do matrimônio e se tornam fonte de uma verdadeira santidade em comum. O diretor espiritual os convence que a vontade de Deus era ter filhos que amassem verdadeiramente a Deus. Podemos falar de uma autêntica conversão de Luís Martin e de comum acordo com sua esposa decide gerar filhos para a glória de Deus e da Igreja.

Luís e Zélia estão convencidos de que são chamados a ser santos, e que a sexualidade não é um impedimento, e os filhos não são propriedade privada dos pais, mas são um dom recebido por Deus que devem orientar para Deus, na plena liberdade e com uma educação que tem suas raízes na palavra de Deus, da Igreja e da espiritualidade conjugal.

O documento da Igreja *"Amoris Laetitia"*, diante da derrota dos princípios fundamentais do matrimônio cristão, a realidade de tantas famílias destruídas pelo egoísmo e por um amor sexual não compreendido como sacramento, mas como busca só de prazer e de autossatisfação, tenta recuperar o verdadeiro sentido do matrimônio como caminho de santidade a dois, como mutua ajuda, como criação dos filhos, e como expressão da ternura do amor misericordioso de Deus com o povo e de Cristo Jesus com a Sua Igreja.

Sem dúvida, Zélia e Luís no matrimônio exercem um autodomínio e uma paternidade e maternidade responsável, tornando-se assim modelo para todas as famílias, de uma fecundidade física iluminada pela luz da fecundidade espiritual que se irradia ao redor dessa família, gerada no amor e na providência de Deus.

## *AMORIS LAETITIA*, 43

*Os Padres disseram que «uma das maiores pobrezas da cultura atual é a solidão, fruto da ausência de Deus na vida das pessoas e da fragilidade das relações. Há também uma sensação geral de impotência face à realidade socioeconômica que, muitas vezes, acaba por esmagar as famílias».*

## 18

# TREZE ANOS DE MATRIMÔNIO, NOVE FILHOS...

Em vários momentos de sua vida Zélia diz "nasci para ter muitos filhos, as crianças me encantam". Essa vocação à maternidade codividida depois com o marido Luís, se torna uma agradável realidade. Eles viram nascer 9 filhos, embora quatro morressem ou logo depois do nascimento ou no máximo, como Helena, aos cinco anos, as outras filhas, como tinha previsto Zélia, serão todas consagradas a Deus na Vida Religiosa, e assim, em descendência direta, se extingue a família Martin. A primeira preocupação dos pais, quando nasce um filho, é batizá-lo imediatamente, ou no máximo, como era uso no tempo, batizá-lo e depois realizar a cerimônia pública, em outro tempo mais oportuno.

Um novo filho para Zélia e Luís é uma manifestação do amor misericordioso de Deus, um dom que eles recebem com imensa gratidão. Diria que eles se preparam para isto com a oração e com uma liturgia de ação de graças toda especial. E quando eles batizam a primeira filha, à pergunta do sacerdote: "é a primeira vez que vocês vêm", Luís responde "e não será a última". Nestas palavras podemos intuir o desejo de Luís de ter outros filhos.

---

### *FAMILIARIS CONSORTIO*, 13

*(...) Os esposos são portanto para a Igreja*
*o chamamento permanente daquilo que*
*aconteceu sobre a Cruz; são um para o outro,*
*e para os filhos, testemunhas da salvação*
*da qual o sacramento os faz participar.*

---

## 19

# NOMES E APELIDOS DAS PRIMEIRAS FILHAS

Dia 2 de fevereiro, festa da apresentação de Jesus ao templo, quarenta dias depois do seu nascimento nasce Maria. Todos os outros filhos sempre terão o nome de "MARIA", em honra da Virgem Maria de quem são muito devotos. A primeira filha, como normalmente acontece, será a preferida do pai, que lhe dará o apelido de "DIAMANTE" ou "*BOHEMIENNE*" por causa do seu caráter voluntarioso, independente e um pouco rebelde.

Dia 7 de setembro de 1861 nasce a segunda filha, Paulina, preferida mais da mãe que do pai. Numa carta Zélia escreve: "é uma menina muito graciosa, afetuosa, nos abraça e sem que nós o peçamos, ela vem nos abraçar e cobrir de beijos". O pai lhe coloca como apelido "PÉROLA FINA", um nome bem escolhido, porque entendia de pérolas preciosas, como joalheiro.

O dia 3 de junho nasce Leônia. Na família será conhecida mesmo por um certo retardo mental, e uma rebeldia inata, como "POBRE LEÔNIA", mas o pai Luís lhe dará o nome "BOA LEÔNIA", também será chamada a "LOURINHA" pelos seus cabelos louros e pelos olhos azuis.

O dia 3 de outubro de 1864 nasce HELENA, uma menina bonita, mas frágil de saúde, e a mãe Zélia não consegue amamentá-la. Estão surgindo os primeiros sintomas de doença no seio, por enquanto ela não dá muita importância, mas lentamente isso será cada vez mais grave. Helena será dada para ser amamentada a uma ama de leite. Num primeiro tempo tudo parece andar bem, mas depois as coisas vão piorando e Zélia só deseja uma coisa: "quando terei a felicidade de ter novamente aqui em casa a minha Helena?".

Embora estes altos e baixos, a vida na família Martin é tranquila, o trabalho de relojoeiro vai bem e também o do ponto de *Alençon*, mas bem cedo aparecem no horizonte familiar nuvens que parecem prever tempestade, com ventos de doença e de morte. Zélia percebe que seu estado de saúde não anda bem, e no dia 23 de abril de 1865, escreve para o seu irmão Isidoro, farmacêutico, que também exerce um pouco medicina diletante: "você sabe que quando era jovem, batendo no canto de uma mesa, recebi um forte golpe no peito... não dei importância, mas agora sinto como que uma glândula que me faz mal, e tem dias que me sinto como um desmaio, não sei como explicar. A única coisa é que me dói e não pouco. Alguns me dizem que devo operar-me, mas não tenho muita confiança nos médicos daqui. Você, que está em Paris, poderia me ajudar nisto. A única coisa que me faz adiar uma cirurgia é o pensamento do meu marido... que faria sem mim?".

O irmão Isidoro pode ser que não compreenda a gravidade do mal, e não dê muita importância, mas o mal avança com sua força destruidora. Zélia tem um caráter firme, corajoso, e não se deixa abater por isso. Toda a sua atenção é a educação das filhas, o trabalho e atenção amorosa por seu marido, que no dizer dela, não há melhor no mundo.

Neste mesmo período acontece uma lenta, gradual, mas séria piora da saúde de Leônia, a "lourinha", que preocupa os médicos. Não entendem muito e o pai Luís fará uma peregrinação ao santuário de *Notre Dame de Seez*, a 21Km de *Alençon*, a pé para obter a cura da sua filha Leônia. Também nesse mesmo tempo piora a saúde da irmã Dositea, Visitandina, sempre de saúde frágil, por causa de umas cíclicas bronquites...

Doença e morte rodeiam perto da família Martin. No dia 26 de junho morre Pedro Francisco Martin, sogro de Zélia, uma morte que influenciará as filhas, mas muito mais Zélia, que tem acompanhado o sogro com todos os cuidados nos últimos tempos da sua dolorosa doença. Morre nos braços de Zélia, que diz: "a morte me apavora!".

E a quem a morte não apavora? Se apavorou o mesmo Jesus no horto das Oliveiras? Não devemos ter vergonha da morte, e diante do corpo frio e rígido do sogro Zélia reflete numa carta: "é assim que também os outros me verão. Não tinha mais visto a morte assim de perto...".

Zélia é uma pessoa de fé, uma fé certa, forte, mas que não nos livra do medo da morte. Não é uma falta de esperança, mas sim o brotar da humanidade tímida e medrosa que está escondida em nós. Deus, com a morte do senhor Pedro Francisco, o pai de Luís, prepara esse casal a uma série de mortes num período doloroso de cinco anos. 1865-1870 serão anos de trevas, de morte, mas também de esperança que a morte não pode vencer.

---

### *AMORIS LAETITIA*, 44

*A família é um bem de que a sociedade não pode prescindir, mas precisa de ser protegida. A defesa destes direitos é «um apelo profético a favor da instituição familiar, que deve ser respeitada e defendida contra toda a agressão», sobretudo no contexto atual em que habitualmente ocupa pouco espaço nos projetos políticos.*

---

## 20

# A VIDA VENCE A MORTE

O irmão Isidoro, terminados os seus estudos de farmácia, consegue comprar a farmácia do senhor *Fournet* de *Lisieux*, que se conclui com o matrimônio com Celina *Fournet*, no dia 11 setembro de 1866.

Na casa Martin chega o quinto filho, um menino. É uma festa e os pais pensam que ele será, sem dúvida, sacerdote, e por isso que não poderão participar do matrimônio do irmão Isidoro. O menino se chamará José Maria Luís. É necessário dá-lo imediatamente a uma ama de leite, e se escolhe Rosa *Tailé*, que será também a ama de Santa Teresa do Menino Jesus.

As notícias que mamãe Zélia nos fornece de José Maria Luís são confortáveis: menino forte, bonito, saúde ótima... ama muitíssimo esse filho e vê nele um futuro sacerdote e missionário. No mês de janeiro, o pequeno adoece, a mãe corre até

*Semalé*, uns oito quilômetros de *Alençon*, para ver o seu filho, com a coragem que ela mesma descreve: "estaria disposta a atravessar todas as florestas sozinhas para ver o meu pequeno, ele tem uma forte erisipela". Os cuidados o fazem melhorar, mas por pouco tempo. No dia 14 de fevereiro de 1867, José Maria Luís morre por causa desconhecida, ele tem 5 meses.

Luís Martin não gosta de escrever carta, ele ama mais viajar, Zélia ama escrever cartas e por isso podemos ter muitas informações sobre a família, os filhos, os parentes... também a irmã Dositea se faz presente nesses momentos de dor para consolar os pais pela morte deste "anjinho", que já no Céu intercede por nós.

É a primeira vez que a morte toca mais de perto "na carne da própria carne". O casal Zélia e Luís, quase imediatamente, depois da morte de José Maria Luís, a saúde da pequena Helena fica abalada. Uma otite faz temer que ela perca para sempre o ouvido. Os médicos não conseguem diagnosticar a doença. Zélia reza pela cura da pequena Helena ao filho José Maria Luís, e Helena melhora. Essa devoção que ela tem pelo pequeno Anjo voado ao Céu e escreve: "é um grande bem ter pequenos anjos no céu, mas é muito doloroso a nossa natureza perdê-los, estas são as dores da nossa vida".

Zélia e Luís não desanimam e nem por isso sufocam o desejo de ter outros filhos, que possam louvar a Deus com a própria vida, e o sonho de ter outro menino que possa ser sacerdote. Hoje em dia os filhos muitas vezes são vistos como um peso e não como um dom de Deus. O egoísmo e o individualismo impedem o nascer da vida... Com a desculpa em parte verdadeira que os recursos econômicos são poucos, que a educação custa cada vez mais cara, que o trabalho é precário, limitamos o poder criador de Deus no mesmo matrimônio. É necessário recuperar o verdadeiro sentido da vida, e a responsabilidade de viver antes de tudo e sobretudo no matrimônio a cultura da vida.

O ano de 1867, embora marcado pela morte, é assinalado ainda pela vida, o nascimento de José Maria João Batista no dia 19 de dezembro. Mamãe Zélia não pode amamentá-lo e de novo se procura a ama de leite. Será Rosa *Tailé*, mas que depois de um pouco de tempo não poderá mais continuar por causa da doença da sua mãe.

Na metade de julho, Zélia traz o pequenino para casa, mas vai piorando à vista dos olhos. No dia 24 de agosto do mesmo ano, José Maria João Batista morre. Ela mesma prepara o corpo para a sepultura e coloca uma cora de flores brancas.

Morte e vida duelam no caminho da história, embora saibamos que a vitória será da vida, existem certos momentos em que nos parece que a morte está ganhando terreno. A mãe de Zélia faleceu em 1859, o Pai vive perto da filha de maneira que ela possa dar-lhe toda atenção e cuidado, mas no fim da vida ele entrará a fazer parte da família Martin. Isidoro é um vovô atento, delicado, com a suas netinhas.

Zélia é atenta, seja à saúde física do pai, como também cuida com atenção sobre a sua vida espiritual. E escreve ao seu irmão Isidoro: "fica tranquilo, estou continuamente atenta, não o deixo nem um minuto, sou eu que faço curativos duas vezes ao dia. Procuro oferecer tudo o que é do melhor, mas não tem apetite. Não se move e nem senta na cama: meu marido nos ajuda e se continuar assim precisarão de dois homens para levantá-lo. Este pobre papai me provoca uma profunda compaixão, suporta tudo com muita paciência". As curas médicas e todas as atenções não produzem efeito que se espera e no dia 3 setembro de 1868, à idade de 79 anos Isidoro faleceu...

É uma grande dor pelas duas famílias *Guérin* e Martin, mas a fé de Zélia não se abala diante desse triste acontecimento. Será sepultado ao lado dos pequenos José, os filhos de Zélia e de Luís.

---

### *AMORIS LAETITIA*, 47

*Os Padres dedicaram especial atenção também «às famílias das pessoas com deficiência, já que tal deficiência, ao irromper na vida, gera um desafio profundo e inesperado e transtorna os equilíbrios, os desejos, as expectativas. (...) Merecem grande admiração as famílias que aceitam, com amor, a prova difícil dum filho deficiente. Dão à Igreja e à sociedade um valioso testemunho de fidelidade ao dom da vida» (...)*

---

## 21

# A TRISTEZA NÃO ABALA A FÉ

Há situações da vida em que parece que o céu desaba sobre nós e que tudo anda para trás, ou, como dizia minha mãe Domênica, tudo é como "o grande caranguejo", um passo para frente e quatro atrás, mas as dificuldades e as cruzes no lugar de abalar a fé, a esperança e o amor dos cônjuges Martin vão reforçando. A morte do pai Isidoro enfraquece psicologicamente Zélia, a ponto que lhe parece vê-lo em todos os lugares onde ela se move na casa. É como que depressão e não sabe como sair dessa situação. De repente, ela reencontra a força da fé e lê todas as coisas à luz do projeto de um Deus misericordioso, que nunca nos abandona. Quem sabe reze o Salmo 22, tantas vezes escutado na Igreja.

*O Senhor é o meu pastor, nada me falta.*
*Ele me faz descansar em verdes prados, a*
*águas tranquilas me conduz. (Salmo 22)*

Luís, nessa situação, não deixa de participar ao sofrimento de sua esposa, e toma uma decisão, embora dolorosa, mas que vê necessária, levar no início de 1868 as suas duas filhas maiores, Maria e Paulina, ao colégio das Visitandinas, onde está a tia Dositea.

Mas parece incrível, depois de pouco tempo o que preocupa de novo Zélia e toda a família é o estado de saúde da Irmã Dositea, ao ponto que a mesma Zélia vai pegar novamente Maria e Paulina para reconduzi-las a *Alençon*. Irmã Dositea está verdadeiramente transfigurada pela enfermidade. Zélia pensa que não vai sair "desta" e que em breve terá outro luto na família. É uma tuberculose lenta, mas progressiva.

Nesse período de tempestade, tem uma nota característica de alegria, o nascimento do sétimo filho. Uma gravidez difícil, dolorosa, Zélia se vê obrigada a ficar de repouso... e repensa com saudade a primeira gravidez: "era tão feliz na primeira vez, diante de mim só via a criança... coloco tudo nas mãos de Deus". Ela confia no Senhor e entre perturbações, incertezas e sofrimento, chega o dia 28 de abril de 1869 e nasce a quinta filha, Celina. Zélia resiste em procurar uma ama de leite, porque está muito insatisfeita com as que tem tido, menos com Rosa *Tailé*..., mas não tem outro jeito. Depois de um ano que Celina está com a ama, Zélia sente-se feliz em vê-la melhor, gordinha, e bem disposta, muito inteligente.

Papai Luís lhe dá o apelido de INTRÉPIDA, por causa do caráter cabeça dura, voluntariosa, que quando quer uma coisa bate os pés, Celina será a amiga inseparável de Teresa e as duas se empenham no caminho da santidade. Será ela que ficará com o pai em todos os mais tristes momentos de sua vida até a morte.

O ano de 1869 é iluminado pelo nascimento de Celina, uma felicidade que dura pouco, porque o ano 1870 não vai ser cheio de alegria, será entristecido pela morte da pequena Helena, que tem cinco anos. Se é difícil consolar os pais mesmo quando a criança vive poucos meses, muito mais difícil é consolá-los quando morre uma criança de cinco anos. É uma dor que só os pais podem contar e medir. É uma verdadeira luta para poder salvar a pequena Helena. Os médicos não conseguem fazer nada, a não ser paliativos, que prolongam por pouco tempo a vida.

"Depois que o médico foi embora, eu contemplava com tristeza a minha filha, os seus olhos eram como que perdidos e comecei a chorar... a pequenina me abraçava e dizia 'a minha pobre mãezinha que chora'..." Palavra que, mesmo depois de tanto tempo, nos faz entrar no coração de uma mãe que se vê impotente diante da doença de um filho pequeno.

Helena morre aos 22 de fevereiro de 1870.

Luís e Zélia sofrem juntos a morte dessa filha, que era a alegria da casa, se consolam reciprocamente, e retomam o caminho com esperança e coragem. Não se dão por vencidos. Humanamente é inexplicável esta força e coragem que o casal Martin tem, embora todas as dificuldades da vida, eles são pessoas de oração, que sentem a necessidade de participar da primeira missa na paróquia às cinco e meia da manhã, se dedicam seriamente ao trabalho, e à educação das filhas, que Deus preserva da morte. No coração dos pais tem a dor pelos filhos gerados e que o Senhor levou para o Céu. Sofrem pela morte da pequena Helena e veem com alegria e gratidão a Deus as quatro meninas crescerem sadias e fazendo encher a casa de alegria: o Diamante, a Pérola Fina, a

Lourinha e a Intrépida. Fazem estripulia pela casa e pelo jardim, e são admiradas pelos vizinhos, pelos fregueses da relojoaria e do ponto de *Alençon*.

Ainda uma gravidez de Zélia, se pensarmos com uma visão humana, nos parece uma insensatez, para uma mulher que já perdeu três filhos, já doente do seio, continua a insistir para ter outros filhos, e espera ainda que seja um menino, para que possa ser sacerdote e missionário. Quase um "tentar a Deus", mas numa visão sobrenatural do amor e da fecundidade do amor, e diante de um casal responsável da paternidade e da maternidade, isso parece uma luta aberta contra a morte e um ideal de vida que nos impressiona. É a oitava gravidez. No dia 16 de agosto de 1870, nasce Maria Melânia Teresa, também ela será confiada a uma ama de leite aí mesmo de *Alençon*. Uma péssima escolha. A saúde da pequenina piora, não é bem cuidada e nem bem alimentada. Luís busca ansiosamente outra ama, mas não tem sucesso, e a pequena Melânia Teresa vem a falecer no dia 8 de outubro de 1870... Zélia diz: "a minha pequena Teresa morreu hoje, sábado, a uma hora depois do meio-dia. A cada novo luto me parece amar cada vez mais as crianças que tenho perdido".

## *FAMILIARIS CONSORTIO*, 14

*Na sua realidade mais profunda, o amor é essencialmente dom e o amor conjugal, enquanto conduz os esposos ao "conhecimento" recíproco que os torna "uma só carne", não se esgota no interior do próprio casal, já que os habilita para a máxima doação possível, pela qual se tornam cooperadores com Deus no dom da vida a uma nova pessoa humana. Deste modo os cônjuges, enquanto se doam entre si, doam para além de si mesmo a realidade do filho, reflexo vivo do seu amor, sinal permanente da unidade conjugal e síntese viva e indissociável do ser pai e mãe.*

## 22

# ZÉLIA: REPÓRTER DE GUERRA

A vida não pode ser vivida debaixo de uma "redoma de vidro". Somos, querendo ou não, influenciados pelos acontecimentos do país, do mundo, e as notícias sempre, desde que o mundo é mundo, correrão velozes de porta em porta até os últimos recantos do planeta. A França, no tempo do casal Martin, não vive uma tranquilidade política, os líderes se alternam com facilidade e o mesmo Napoleão, que no início sabia coroar-se de vitórias, começa a perder batalhas. *Alençon*, embora seja uma pequena cidade do interior, não pode permanecer esquiva dessa situação política. Não esqueçamos que no sangue seja dos Martin como dos *Guérin* corre uma história militar e isso deve ser levado em consideração, mesmo na educação das filhas, pessoas volitivas, enérgicas, decididas.

Os prussianos chegam, seja em *Alençon* e seja nas cidades vizinhas, e obrigam os habitantes a hospedar os soldados e oferecer comidas para todos. Mesmo a família Martin será obrigada a receber nove soldados e a oferecer comida a todos. Luís não concorda muito, mas no final aceita. No seu coração está o ardor militar e defesa da França, e mesmo com a sua idade, quase cinquenta, estaria pronto a partir para defender a pátria. Quem sabe acolher os mesmos soldados em ordem na casa Martin é Zélia, que sabe dialogar, e a tempo oportuno impor-se diante das exigências exageradas, e cuida com atenção das filhas, para que não sejam importunadas.

## *AMORIS LAETITIA*, 47

*Quero sublinhar que a atenção prestada tanto aos migrantes como às pessoas com deficiência é um sinal do Espírito. Pois ambas as situações são paradigmáticas: põem especialmente em questão o modo como se vive, hoje, a lógica do acolhimento misericordioso e da integração das pessoas frágeis.*

## 23

# O RABO DO PORQUINHO

Dizia um velho patriota que nunca tinha estado em guerra, mas amava a guerra de longe: "guerra é guerra". Zélia numa carta conta com humor um fato acontecido em *Alençon* e que ficou famoso por muito tempo e corria de boca em boca. Os soldados pegaram um porquinho de um pobre homem, que o tinha criado com tanto amor, e o homem tentou com todos os meios impedir isto, mas os soldados, muito mais numerosos, carregaram o porquinho numa charrete. Porém o dono não desistiu, se agarrou ao rabo do porquinho. Um soldado, com a espada, cortou o rabo do porquinho e se pôs a correr. O pobre homem ficou só com o rabo do porquinho, gritando e amaldiçoando os ladrões...

São coisas que acontecem em tempo de guerra, onde todos se acham no direito de fazer o que querem. A história se repete, como podemos também notar nos nossos dias, na guerra entre Rússia e Ucrânia. Estou convencido de que nós, humanos, não queremos a paz, mas amamos e queremos a guerra. Por que será? Se nós pensarmos bem, a paz não dá dinheiro. Se é tempo de paz, uma casa, uma ponte pode durar 100 anos, mas, se tiver a guerra, tudo é destruído e é necessário reconstruir e isto dá dinheiro. As fábricas de armas ganham com a guerra e não com a paz. Temos necessidade de criar uma cultura de paz, e não alimentar uma cultura de guerra e de ódio.

---

### *AMORIS LAETITIA*, 48

*A maioria das famílias respeita os idosos, rodeia-os de carinho e considera-os uma bênção. Um agradecimento especial deve ser dirigido às associações e movimentos familiares que trabalham a favor dos idosos, sob o aspecto espiritual e social.*

---

## 24

# ZÉLIA: REPÓRTER DE GUERRA 2

Luís não gosta de escrever e, quando escreve, são cartas pequenas, com poucas notícias. Zélia tem alegria em escrever comunicando o que acontece dentro dela, na sua família e ao seu redor. É graças às cartas delas que nós podemos compreender um pouco melhor a situação psicológica, seja do povo como da família Martin. Mas onde estão neste tempo as filhas do casal? Estão no colégio dirigido pelas Visitandinas onde se encontra a tia Irmã Dositea, para ficar longe de toda essa confusão e ao mesmo tempo periculosidade da guerra.

Zélia, nas várias cartas, nos diz: "os prussianos desfilam debaixo das nossas janelas, gritando, entram nas casas... marcam todas as portas das casas com números, que significam que naquela casa devem ser hospedados para dormir e comer tantos soldados. Tem casa que deve receber

25, 15, 10 soldados. Não são maus, nem ladrões, mas comem com uma gulodice impressionante, exageradamente. Comprei um queijo muito grande e o comeram sem pão. Comprei carne para trinta pessoas e fui obrigada a prepará-la e a comeram toda, e eram somente 9 pessoas".

Luís está triste e, diante essa situação, fecha-se no silêncio. Zélia teme que ele adoeça. Um soldado alemão tentou roubar alguns objetos da sua joalheria, ele reagiu com força, o denunciou à polícia. Quando soube que outro soldado que tinha roubado foi fuzilado, Luís foi ao distrito policial e retirou a denúncia. Ele tem um bom coração, é delicado e sabe perdoar a todos. A guerra, logicamente, enfraquece o comércio seja da relojoaria ou do ponto de *Alençon*.

---

### ***FAMILIARIS CONSORTIO*, 14**

*A família humana, desagregada pelo pecado, é reconstituída na sua unidade pela força redentora da morte e ressurreição de Cristo. O matrimônio cristão, partícipe da eficácia salvífica deste acontecimento, constitui o lugar natural onde se cumpre a inserção da pessoa humana na grande família da Igreja.*

---

## 25

# ZÉLIA E LUÍS SE COMPLETAM RECIPROCAMENTE

É chegado o momento de perguntar-nos: mas Luís e Zélia são iguais em tudo, e só sabem dizer sim um ao outro, ou entre eles existem diferenças de caráter, de sensibilidade e de visão da vida? Há uma espiritualidade dos "conflitos" que nos educam. Há diferenças que colocam mais em evidência tanto as qualidades como os defeitos dos outros. Deus deu a cada pessoa carismas, dons para o bem dos outros, e isto exige diálogo, capacidade de perdão e sensibilidade interior para não sufocar as qualidades dos outros nem deixar que um dos cônjuges se transforme num pequeno ditador, que tem e exige sempre a última palavra. Em Luís e Zélia há diferenças, que se complementam reciprocamente. Há valores comuns, que são inquestionáveis e indiscutíveis, entre outros, a primazia de Deus, a educação das filhas, a vida espiritual, o respeito recíproco.

Luís é um homem silencioso, reflexivo, meditativo, metódico e dificilmente se afasta das coisas premeditadas, que deve fazer. Ele se programa e se esforça para levar para frente. O seu jeito de ser é reservado e ao mesmo tempo atencioso para com os outros. Atento às necessidades da Igreja, dos grupos de São Vicente de Paulo. Gosta de visitar os doentes e os pobres e coloca em prática a máxima evangélica: *"a tua esquerda não saiba o que faz a tua direita" (Mt 6, 3)*. Ele sempre está pronto para dar uma mão a quem necessita, não gosta nem de criticar e nem de murmuração, mas não deixa de manifestar com coragem o seu pensamento político e religioso. Como diria mais tarde a filha irmã Genoveva, do Carmelo de *Lisieux*.

O pai tinha uma grande capacidade de imitar as pessoas. Imitava o som dos instrumentos musicais, cantava baixinho algumas marchas militares, batia os dedos na mesa como se fosse um tambor. Tinha a capacidade de alegrar os outros. Era social e não como muitas vezes o têm representado, como uma pessoa tristonha e solitária. Amava retirar-se em lugar no "Pavilhão" para ler e meditar.

Zélia é extrovertida, ama escrever. Dela temos mais de 200 cartas, dirigidas a parentes, onde conta um pouco de tudo. Sabe se comunicar com alegria, e sem pessimismo. Mesmo quando se vê obrigada a comunicar a morte de alguém o faz com leveza e com esperança. Ela também é concentrada no seu trabalho do ponto de *Alençon*, e sabe corrigir os empregados com delicadeza e atenção. Sofre quando deve corrigir alguém, e tem uma paciência de Jó em todas as circunstâncias. Como mãe é atenta às necessidades dos filhos, e manifesta os seus sentimentos de dor sem véus, sem medo. Assume os seus erros na educação, e sabe dizer ao marido que "ele vicia as meninas". Também Zélia está pronta para ajudar a quem precisa, quer espiritual como materialmente. As poucas vezes que se afasta da casa por motivos de saúde, ela logo escreve e sente saudade de voltar para perto do seu "Luís".

Os dois se complementam reciprocamente e caminham juntos no serviço de Deus e da família. Luís com seu estilo pacato e calmo, muitas vezes faz as vezes do "bombeiro", apagando a chama das preocupações de Zélia.

## *AMORIS LAETITIA*, 49

*Quero assinalar a situação das famílias caídas na miséria, penalizadas de tantas maneiras, onde as limitações da vida se fazem sentir de forma lancinante. Se todos têm dificuldades, estas, numa casa muito pobre, tornam-se mais duras... Nas situações difíceis em que vivem as pessoas mais necessitadas, a Igreja deve pôr um cuidado especial em compreender, consolar e integrar, evitando impor-lhes um conjunto de normas como se fossem uma rocha, tendo como resultado fazê-las sentir-se julgadas e abandonadas precisamente por aquela Mãe que é chamada a levar-lhes a misericórdia de Deus.*

## 26

# TRÊS PRIORIDADES DA FAMÍLIA MARTIN

Lendo atentamente as cartas de Zélia e de Luís, e acompanhando a trajetória da vida deste casal, escolhido por Deus como educador de "santos", podemos individuar três prioridades, sempre presentes, tanto antes do casamento como depois. Podemos dizer que a estrela que os guiou se chama AMOR.

AMOR A DEUS: a centralidade de Deus na própria história pessoal e familiar. Deus antes de tudo e sobretudo. Há uma fé que passa de geração em geração, como nos patriarcas do Antigo Testamento. É uma constatação que nos infunde uma grande alegria. Hoje infelizmente a "religião" é muitas vezes um fato social, uma decoração e não uma convicção de vida.

AMOR AO PRÓXIMO: há no coração do casal um grande amor ao próximo, que se manifesta na alegria de gerar filhos, não pensando em si mesmos, mas na glória de Deus, que eles poderão dar com a própria vida. Um amor ao próximo que se revela antes de tudo na preocupação em oferecer às filhas uma boa educação religiosa, social, intelectual. Uma formação para a vida e não para si mesmos. Educam para ao respeito aos outros e o sentido da responsabilidade em ajudar os menos favorecidos. O amor aos pobres é presente na família Martin.

AMOR À IGREJA: a família Martin tem um forte amor para a Igreja. São membros ativos nas paróquias em que passam, e cooperam com as atividades em favor dos mais necessitados. Tem uma forte raiz religiosa, mas sem tendências de extremismos, tão comuns naquela época, como o jansenismo.

Uma educação completa e harmoniosa. Educar para Deus com Deus. O casal não costuma impor, mas ama dialogar e dar o bom exemplo. Todas as filhas recordarão o exemplo de santidade dos pais.

## *AMORIS LAETITIA*, 53

*A força da família "reside essencialmente na sua capacidade de amar e ensinar a amar. Por muito ferida que possa estar uma família, ela pode sempre crescer a partir do amor".*

## 27

# PÉROLAS DE CARIDADE

Luís Martin está sempre na primeira fileira quando se trata de ajudar os pobres. Ele mesmo pertence à Associação São Vicente de Paulo, visita os pobres e os ajuda como pode, seja espiritual como materialmente, e é feliz quando pode fazer o bem.

Mesmo para fazer o bem, Luís e Zélia o fazem juntos, em comunhão. Há neles uma adesão de vontade e de pensamento, que só é possível numa família unida na fé e nas obras.

*Durante os passeios que eu fazia com papai, ele gostava de me encarregar de levar esmola aos pobres que encontrávamos. Um dia, vimos um que se arrastava penosamente sobre muletas. Aproximei-me e lhe dei um centavo; mas, não se achando bastante pobre para receber a esmola, olhou-me sorrindo tristemente e recusou-se a tomar o que eu lhe oferecia. Não posso dizer o que se passou em meu coração. Teria desejado consolá-lo, aliviá-lo, em vez disso pensava ter-lhe causado dissabor. Sem dúvida, o pobre doente adivinhou meu pensamento, pois vi-o virar-se e sorrir para mim. Papai acabara de comprar um bolo para mim, e eu queria dá-lo ao pobre, mas não ousava; queria dar-lhe alguma coisa que não pudesse recusar, pois sentia uma grande simpatia por ele. Ora, tinha ouvido dizer que no dia da primeira comunhão obtinha-se o que se pedisse. Esse pensamento consolou-me e, embora tivesse apenas seis anos, disse a mim mesma: "Rezarei pelo meu pobre no dia da minha primeira comunhão".*

*Cinco anos depois, cumpri minha promessa, e espero que Deus tenha acolhido favoravelmente a oração que me inspirara dirigir por um dos seus membros padecentes... (MA 15f)*

A mesma Zélia escreve uma carta a Paulina no dia 3 de dezembro de 1876. É uma carta que nos permite entrar silenciosamente na ponta dos pés, no coração dos sentimentos de Zélia para com os pobres e, ao mesmo tempo, partilhados pelo esposo:

*Já te falei de um pobre homem que conhecemos na primavera e que estava na mais profunda miséria, porque não tinha lugar para ficar e dormia em um celeiro cuja porta não servia para protegê--lo, de modo que seus dedos e pés ficaram congelados. Ninguém se ocupava dele, que não pedia nada e ia somente à porta do quartel para ter um pouco de sopa; estava morrendo de fome. Teu pai prestara atenção nele na porta do Hôtel de France, em um estado tão miserável e com um aspecto tão doce, que se interessou por ele.*

*Eu quis saber ainda mais, abordei o sujeito, trouxe-o à nossa casa e interroguei-o. Descobri, então, que era quase uma criança e estava vegetando sem receber ajuda de ninguém. Pedi-lhe que viesse todas as vezes que precisasse de alguma coisa, mas nunca veio.*

*Por fim, no começo do inverno, teu pai o reencontrou num domingo em que fazia muito frio, os pés dele estavam nus e ele tremia. Tomado de piedade por esse desafortunado, teu pai começou toda sorte de iniciativas para fazê-lo entrar no Hospício. Quantos passos ele deu e quantas cartas escreveu para conseguir sua certidão de batismo! E quantos pedidos! Mas tudo isso era pura perda de tempo, pois descobriu-se que o coitado só tinha sessenta e sete anos, três a menos que a idade exigida.*

*Contudo, teu pai não se deu por vencido, ele assumiu a causa e reuniu todas as suas forças para interná-lo nos Incuráveis. O pobre homem tem uma hérnia, mas não costumam receber alguém por tão pouco e eu não estava esperando nada. Finalmente, ele entrou lá quarta-feira passada, contra toda esperança. Teu pai foi tirá-lo do celeiro terça-feira à noite e, na manhã do dia seguinte, o instalou. Reviu o velho hoje, que chorava de alegria por achar-se tão perfeitamente feliz; apesar de seu espírito enfraquecido, esforçava-se para agradecer e dar provas de seu reconhecimento. (Carta 175)*

---

### *FAMILIARIS CONSORTIO*, 17

*No plano de Deus Criador e Redentor a família descobre não só a sua "identidade", o que "é", mas também a sua "missão", o que ela pode e deve "fazer". As tarefas, que a família é chamada por Deus a desenvolver na história, brotam do seu próprio ser e representam o seu desenvolvimento dinâmico e existencial. Cada família descobre e encontra em si mesma o apelo inextinguível, que ao mesmo tempo define a sua dignidade e a sua responsabilidade: família, torna-te aquilo que és!*

---

## 28

# ZÉLIA BRINCA COM LUÍS

Há ainda um acontecimento delicioso, de fina caridade e sentimentos, como o bordado de *Alençon* que não quero deixar de lembrar, e dar a palavra à mamãe Zélia, que o conta para a filha Paulina, na carta do 10 outubro de 1873.

*Havia quarenta e cinco minutos que eu estava tranquila e mergulhada em minhas reflexões, quando vi chegar uma mulher valente com dois filhos, um de vinte e um meses e outro de dois; além disso, ela tinha dois pacotes enormes.*

*Vendo-a assim embaraçada, saí de meus pensamentos para prestar-lhe socorro. Ela também estava vindo para Alençon; fazia três dias que viaja assim, mesmo durante às noites. Trazia de duzentas e cinquenta léguas as inocentes criaturas, para colocá-las em uma ama de leite de sua família, não podendo ficar com eles por causa de um emprego que ela e o marido têm no Palácio de Justiça de Valence.*

*Não posso dizer o que sofri por vê-la abandonar esses pobrezinhos até a idade de dez anos. No entanto, ela parecia ser uma boa mãe, mas tem mais coragem que eu, pois eu preferiria morrer a me separar assim de meus filhos; ela, ao contrário, não parecia incomodar-se com isso.*

*Finalmente, pus-me à obra, ajudando a mulher a levar as crianças e os pacotes, mas era muita coisa para duas. Um empregado, vendo nossa necessidade, tomou um menino em seus braços e colocou a mulher no compartimento exclusivo das senhoras. Uma pessoa que já estava ali fez uma cara feia ao ver entrar a criançada!*

*Para alegrá-la, quis contar-lhe a longa viagem dessa mãe e seus filhos; ela não me respondia. Chateada, disse-me: preciso saber se ela é surda ou não. Enfim, não consegui fazê-la pronunciar nenhuma palavra; então, fiquei satisfeita por ver que ela não era nem surda nem muda e deixei-a em paz, quer dizer, não completamente, porque uma e outra nos ocupamos dos bebezinhos.*

*Conversando e embalando as crianças, chegamos a Alençon; tomo uma criança bem enfaixada e entro na sala de espera. Teu pai estava me esperando. Ele vê o pacote e se apressa a me desembaraçar dele; parecia surpreso por ver um pacote tão mal feito! Como via que eu não largava mão do pacote, olhou de perto e notou que estava saindo uma mãozinha. Então lhe disse que tinha encontrado uma menininha e a estava levando para nossa casa. Ele não parecia muito contente...*

*Por fim a mãe chega, ela tinha ficado para trás para colocar seus pacotes em ordem. Levei a meninazinha até a casa dos pais da mulher e só voltamos para casa à meia-noite. (Carta 141)*

Zélia e Luís são de verdade um "só coração e uma alma só". Se ajudam em tudo, mesmo em fazer caridade agem em sintonia. Há neles uma transparência espiritual, econômica. Partilham alegrias e sofrimentos com uma simplicidade, que não é fácil ter. Não encontramos grandes discussões, mesmo que haja divergências de visão na cotidianidade da vida. Mas como bom Cirineu, um ajuda o outro a carregar a cruz.

## *AMORIS LAETITIA*, 59

*(...) O mistério da família cristã só se pode compreender plenamente à luz do amor infinito do Pai, que se manifestou em Cristo entregue até ao fim e vivo entre nós. Por isso, quero contemplar Cristo vivo que está presente em tantas histórias de amor e invocar o fogo do Espírito sobre todas as famílias do mundo.*

## 29

## UMA VIRADA NO TRABALHO

Ao longo de 13 anos, Luís e Zélia levam o fardo do trabalho para sustentar a família, ajudar os parentes e os pobres. Luís é um relojoeiro muito apreciado não só em *Alençon*, mas também nos vilarejos próximos, e o bordado de *Alençon*, que é confeccionado no laboratório de Zélia, será exibido mesmo nas vitrines de Paris. Além disso, eles se preocupam com os filhos, que superam a morte infantil, em educá-los e se alegram em vê-los crescer com saúde. Uma preocupação especial eles têm com a saúde e com a situação psicológica e mental da Lourinha Leônia, que parece não progredir e não ser tão bonita como as outras.

No trabalho de relojoeiro, Luís não tem ajudantes, está sozinho e quer fazer tudo com fidelidade e perfeição. Naquele tempo, uma relojoaria e joalheria era um negócio de Luxo, nem todos podiam se permitir comprar objetos de um certo valor, por isso, tinha também objetos de bijuterias. Um trabalho muito complexo.

Zélia, no seu laboratório de ponto de *Alençon* tinha cooperadoras internas e externas, e uma possiblidade de ajuda. Também o seu trabalho ia bem.

Lentamente compreendem que seria melhor se desfazer da relojoaria e unirem-se no trabalho do bordado, é o que farão. Uma decisão que sem dúvida vai custar um pouco para o Luís, mas no fim ele mesmo vê que é necessária e que poderá ajudar mais à esposa no trabalho da pequena fábrica do ponto de *Alençon*. Isso acontecerá no ano em 1871, e daquele momento em diante Luís se dedica totalmente a ter em ordem a administração do trabalho da sua esposa Zélia.

Na parede da habitação foi colocado este escrito: "LUÍS MARTIN, PRODUTOR DO PONTO DE *ALENÇON*".

Até o ano da morte de Zélia, em 1877, Luís se dedicará totalmente a esse trabalho de ser "agente comercial" do ponto de *Alençon*. Ele mesmo vai até Paris e a outros lugares, para fazê-lo conhecer. Recebe as encomendas e mantém tudo escrupulosamente em ordem, segundo as leis trabalhistas.

---

## *AMORIS LAETITIA*, 61

*O matrimônio é um "dom" do Senhor (cf. 1 Cor 7, 7). Ao mesmo tempo que se dá esta avaliação positiva, acentua-se fortemente a obrigação de cuidar deste dom divino: "Seja o matrimônio honrado por todos e imaculado o leito conjugal" (Heb 13, 4).*

---

## 30

# CHEGA TERESA, A FLOR DAS FLORES

Irmã Genoveva conta que uma família nobre de *Alençon* tinha caído na pobreza e o sr. Luís Martin ajudara a se refazer e recuperar a sua dignidade. Como recompensa, sabendo que Zélia estava grávida, envia-lhe um buquê de rosas, com uma poesia que dizia:

> *Sorri, cresce rapidamente,*
> *Te espera a felicidade*
> *E um grande amor.*
> *Sim, sorri à aurora,*
> *botão se abrindo*
> *Tu rosa serás.*

Uma poesia, mesmo que não seja digna de aparecer nos livros poéticos da França, tem sem dúvida um sentido profundo de gratidão e certa clarividência do futuro da última filha do casal Martin: Francisca Teresa, que será a rosa mais bela, não só do jardim da família, mas da Igreja.

A flor primaveril, como a mesma Teresa se define na "História de Uma Alma", nasce em pleno inverno no dia 2 de janeiro de 1873; o relógio bate onze e trinta da noite. Zélia escreve logo a todos dizendo: "a minha filha pequenina é forte, sadia. Dizem que pesa oito libras, mesmo se fossem sete, não seria nada mal. Parece muito graciosa. Estou felicíssima".

Sabemos que Zélia esperava com todo o seu coração que fosse um menino, sempre animada pelo desejo que um dos filhos fosse sacerdote e missionário. Sentia no seu seio algo de diferente e para ela se transforma em certeza, que será um menino. No nascimento vendo que é uma menina, não fica triste, mas sem dúvida com uma ponta de desilusão em ter errado a sua profecia.

Será batizada no dia 4 de janeiro de 1873 e se chamará Maria Francisca Teresa, como que se ela fosse substituir a pequenina que morreu, a Melânia Teresa.

Depois de um breve período de saúde, a pequenina Teresa começa a apresentar problemas sérios de saúde. É necessário novamente recorrer a uma ama de leite, é o conselho também do médico. A quem recorrer? Onde encontrar uma ama de leite que esteja capaz de amamentá-la e de cuidar com amor da pequenina?

Buscam a Rosa *Tailé*, que já tinha amamentado o pequeno José João Batista. Rosa, que todos chamam de Rose, vive em Semalé, uma pequena localidade não muito longe de *Alençon*. Zélia corre a casa dela, retorna com a Rose e lhe confia a pequena Teresa, enquanto a mãe se ajoelha e reza a São José que salve essa sua filha.

---

## *FAMILIARIS CONSORTIO*, 18

*A família, fundada e vivificada pelo amor, é uma comunidade de pessoas: dos esposos, homem e mulher, dos pais e dos filhos, dos parentes. A sua primeira tarefa é a de viver fielmente a realidade da comunhão num constante empenho por fazer crescer uma autêntica comunidade de pessoas.*

---

## 31

# TODOS AO SERVIÇO DA RAINHA DE FRANÇA E DE NAVARRA

Para os pais Luís e Zélia todos os filhos são um dom de Deus, que recebem com imensa gratidão e tem toda a atenção na educação e em oferecer o melhor de si mesmos. Mas a "ultimíssima" que chega, leva consigo toda a soma de atenções e o pai coloca nela tantos apelidos:

*RAINHAZINHA DE FRANÇA E DE NAVARRA,*
*ORFANZINHA DE BERESINA,*
*O PEQUENO BESOURO LOURO,*
*BUQUEZINHO...*

É uma riqueza de apelidos que manifestam toda a ternura de um pai, que olha com um amor especial a sua filha e sonha o que dela será no futuro.

Enquanto a pequena Teresa está gozando de "férias de roça", na casa da ama Rose, que cuida dela como se fosse sua filha, mesmo com certa resistência do marido, mas aos senhores Martin, sempre atentos e generosos, não se pode dizer não. Eles têm a arte de conquistar os corações. As preocupações e as doenças rondam ao redor da família. Agora é a vez de Maria, a primogênita. Ela conta 13 anos e adoece de febre tifoide. As preocupações aumentam. De um lado, Teresa está longe, na casa da ama de leite Rose, de outro lado, a doença de Maria, e as outras filhas que estão no colégio das Visitandinas, em Le Mans.

A mesma Zélia, escrevendo para a filha Paulina, em cinco de maio de 1873, conta entre as várias coisas, que Luís decidiu fazer uma peregrinação...

*Teu pai parte essa manhã ao outeiro de Chaumont para fazer uma peregrinação na intenção de Maria. Ele parte em jejum e quer voltar do mesmo jeito; está decidido a fazer penitência para que o bom Deus o atenda. Tem que fazer seis léguas a pé.*

*Escrever-te-ei quinta-feira e te direi se ele alcançou a graça. (Carta 98)*

No fim de maio, a mãe Zélia, sempre preocupada em dar comunicações certas, anuncia que Maria está completamente curada. É um alívio para todos. É um momento de agradecimento a Deus e a Virgem Maria.

## *AMORIS LAETITIA*, 63

*Jesus, que reconciliou em Si todas as coisas, voltou a levar o matrimônio e a família à sua forma original (cf. Mc 10, 1-12). A família e o matrimônio foram redimidos por Cristo (cf. Ef 5, 21-32), restaurados à imagem da Santíssima Trindade, mistério donde brota todo o amor verdadeiro... O matrimônio e a família recebem de Cristo, através da Igreja, a graça necessária para testemunhar o amor de Deus e viver a vida de comunhão.*

## 32

# NÃO SOMOS NÓS QUE SERVIMOS A DEUS, ELE NOS SERVE

Jesus nos recorda que aqueles servos que ele encontrar fiéis os fará sentar-se e ele mesmo os servirá. Este é o amor de Deus para conosco. Ele não se deixa nunca vencer em generosidade, sempre Ele toma a iniciativa do amor e nos ama com verdadeira ternura, ao ponto que Ele se faz nosso servo e servidor.

*Se, portanto, existe algum conforto em Cristo, alguma consolação no amor, alguma comunhão no Espírito, alguma ternura e compaixão, completai a minha alegria, deixando-vos guiar pelos mesmos propósitos e pelo mesmo amor, em harmonia buscando a unidade. Nada façais por ambição ou vanglória, mas, com humildade, cada um considere os outros como superiores a si e não cuide somente do que é seu, mas também do que é dos outros. Haja entre vós o mesmo sentir e pensar que no Cristo Je-*

*sus. Ele, existindo em forma divina, não se apegou ao ser igual a Deus, mas despojou-se, assumindo a forma de escravo e tornando-se semelhante ao ser humano. E encontrado em aspecto humano, humilhou-se, fazendo-se obediente até a morte – e morte de cruz! Por isso, Deus o exaltou acima de tudo e lhe deu o Nome que está acima de todo nome, para que, em o Nome de Jesus, todo joelho se dobre no céu, na terra e abaixo da terra, e toda língua confesse: "Jesus Cristo é o Senhor", para a glória de Deus Pai. Portanto, meus queridos, como sempre fostes obedientes, não só em minha presença, mas muito mais agora em minha ausência, realizai a vossa salvação, com temor e tremor. (Fl 2, 1-12)*

O casal Martin se faz ao mesmo tempo servidor de Deus, e o coloca no primeiro lugar. Nada deve ser feito e nem dito que não seja à honra e glória de Deus. No trabalho, na diversão, na família, no relacionamento social, sempre Deus em primeiro lugar. Não é um extremismo jansenista, mas sim um amor que purifica e dá alegria e paz. Na fé e no comportamento cristão do casal não há nada de medo de Deus, ou de uma visão de um Deus castigador, que está sempre ali, com os olhos abertos para ver os nossos erros e nos punir.

Mas sim um Deus pai-mãe, que nos ama e nos torna capazes de amar e de nos doar na gratuidade. Podemos evidenciar três atitudes espirituais do casal que chamam a atenção:

REZAR JUNTOS: O casal Martin está acostumado a rezar juntos, participar da Santa Missa juntos, nada fazer de certa importância sem se recolher em oração e pedir ao Senhor o Espírito Santo, para fazer um bom e santo discernimento. Não são apressados em tomar decisões. É uma alegria ler as cartas de Zélia e as poucas de Luís para ver como Deus está em primeiro lugar e como cada um reza pelo outro. Hoje em dia, os casais devem redescobrir a oração juntos. Na família, eles desempenham uma missão sacerdotal, profética e real, verdadeira participação ao múnus de Jesus Cristo. A Santa Missa cotidiana é um empenho moral e espiritual do casal e junto a isso, a Adoração ao Santíssimo Sacramento. Seja antes em *Alençon* e depois, em sua viuvez, Luís participará sempre da primeira Missa, chamada "dos pobres", porque quem participa são os operários, antes de ir ao próprio trabalho.

DISCERNEM JUNTOS: Às vezes temos a impressão que eles demoram muito para tomar decisões, mesmo importantes, como encontrar uma ama de leite para os filhos, ou decidir de fechar as atividades comercias, ou mesmo para comprar e vender uma propriedade, mas não é assim. Eles rezam, fazem um discernimento juntos, antes de chegar a uma conclusão, para que não tenha depois momentos de arrependimento pelas decisões tomadas.

AGEM JUNTOS: Uma vez que têm rezado e feito o devido discernimento, agem em sintonia, juntos, com uma autêntica corresponsabilidade e tranquilidade de consciência, mesmo quando se toma a decisão de fazer uma peregrinação a Lourdes, para pedir a cura de Zélia. Ela mesma conta isso com certo humorismo à sua filha Paulina.

*Fico preocupada, para meu pesar; teu pai me tranquiliza, dizendo que não há perigo, que só precisas dar-te repouso; tenho medo que ainda te fatigues para estudar. Diz-me em tua próxima carta se tens mais apetite, se estás dormindo bem, enfim, dá-me detalhes.*

*Vejo que te preocupas muito comigo. Como te disse, espero alcançar da Santa Virgem a minha cura. Quando me escreves que tuas boas mestras rezam por mim, isso me dá ainda mais confiança.*

*Outro dia, a Srta. X. aconselhava Maria a resignar-se a me ver morrer. Tua irmã lhe disse que esperava um milagre. Sim, mas... essa senhorita, que não é mais piedosa que isso, nos olhava como pessoas muito simples e respondeu: "Oh, sim! Se tua mãe fosse curada, seria o maior dos milagres, não posso imaginar maior que esse".*

*Maria me dizia essa manhã: "Ó, mamãe, que susto ela levará! Dessa vez, ela crerá nos milagres de Lourdes, ela que condena tanto as peregrinações". Enfim, tua irmã se rejubila antecipadamente por surpreender a Srta. X. e reduzi-la ao silêncio. (Carta 202)*

## *AMORIS LAETITIA*, 65

*A encarnação do Verbo numa família humana, em Nazaré, comove com a sua novidade a história do mundo. Precisamos de mergulhar no mistério do nascimento de Jesus, no sim de Maria ao anúncio do anjo, quando foi concebida a Palavra no seu seio; e ainda no sim de José, que deu o nome a Jesus e cuidou de Maria...*

———————————

## 33

# QUEM AMA A DEUS AMA TAMBÉM O PRÓXIMO

A oração nunca nos fecha em nós mesmos, mas abre a porta do nosso coração para que nós possamos ser bons samaritanos para quem encontrarmos no caminho da nossa vida. O casal Martin individualmente ou juntos, nunca passa perto de um pobre sem parar e tentar ajudar para reinseri-lo na sociedade. É uma caridade doce, silenciosa e amorosa. Por isso que é importante vê-los comprometidos nas várias associações da Igreja. Eles têm o sentido de Igreja muito profundo, que vai da fidelidade doutrinal à fidelidade na ação.

Zélia pertence à Terceira Ordem Franciscana que se reúne na igreja das Clarissas em *Alençon*. E também ao grupo das mães cristãs; mais tarde se inscreverá na Associação do Coração agonizante de Jesus. É fiel às reuniões e aos compromissos que toma. Luís está presente quase em todas as associações da paróquia, de maneira ativa, dinâmica.

A devoção a Maria é uma das mais profundas, enraizada na vida da família Martin. A de Nossa Senhora do Carmo, quando foi feita em 13 de outubro de 1958 a exumação dos corpos do casal Martin, os escapulários da Virgem Maria do monte Carmelo foram encontrados intactos.

Seguem com atenção e participação os retiros da paróquia, e Luís é assíduo ao retiro da Trapa. Uma família dedicada a Deus e ao próximo, e tudo isto o comunicam silenciosamente e com palavras a todas as filhas, e Deus na sua bondade infinita, realiza nas filhas a vocação que os pais não realizaram em si mesmos: consagrar-se totalmente a Deus na vida religiosa.

---

### *FAMILIARIS CONSORTIO*, 20

*A comunhão conjugal caracteriza-se não só pela unidade, mas também pela sua indissolubilidade: "Esta união íntima, já que é dom recíproco de duas pessoas, exige, do mesmo modo que o bem dos filhos, a inteira fidelidade dos cônjuges e a indissolubilidade da sua união".*

---

## 34

## QUEM É ARMANDINHA?

No coração de quem tem sempre espaço para todos, e mesmo quando não parece possível se encontra a maneira para não fugir nunca do que o Senhor nos chama. O coração do casal Martin se abre para acolher uma filha adotiva, que será muito amada, ela se chama ARMANDINHA. Mas quem é Armandinha? É uma menina que os pais pobres, que mais pobres não podiam ser, a confiam a duas religiosas, as quais cuidam também de Leônia, mas a maltratam: pouco alimento, trabalhos pesados demais pela sua idade, repreensões e punições físicas. Leônia conversa sobre essa situação com a ajudante na casa Martin, Luíse, que refere tudo e imediatamente a Zélia.

Zélia toma uma decisão repentina e imediata, sem dúvida de acordo com o marido Luís, vai e leva de volta a sua filha Leônia, e se preocupa com a sorte da Armandinha.

Descobre-se que as duas religiosas não são religiosas, mas aproveitadoras... o pároco as tinha afastado da paróquia, e as duas continuando a usar o hábito religioso, enganavam muita gente. Zélia adverte a mãe da Armandinha. Tudo se transforma em um verdadeiro processo civil e o comissário sentencia: "não é a primeira vez que vejo mulheres que adotam pobres crianças e conseguem ser estimadas pelo povo, mas procuram esmolas, e sob o manto da caridade, fazem sofrer estas meninas". No fim Armandinha será de novo confiada aos verdadeiros pais, que a confiaram esta vez a verdadeiras religiosas. Mas, Armandinha crescendo, tomará um caminho não reto. E temos neste sentido uma carta de mamãe Zélia.

*Não me deixo levar pelas emoções. Ontem vi o pároco de Montsort e ele me disse: "Faz muito tempo que recebestes notícias da menina que libertastes da escravidão? Eu as tive muito ruins; parece que ela está cheia de vícios, a ponto de as religiosas com quem ela está agora terem sido obrigadas a expulsá-la de suas aulas. Pedem-me utilizar de toda a minha influência junto a vós para tirá-la desse precipício". (Carta 145).*

Na vida da família Martin neste gesto de acolhida para os últimos fica um sinal de caridade, sempre prontos em ajudar, tentando todos os caminhos, embora pareça que a Armandinha se afastará de Deus e do reto caminho.

Uma vida normal, empenho cristão, social, uma família em que se respira a alegria de ser de Deus, ao serviço da evangelização, com a palavra e o exemplo. Que está sempre com a porta do coração aberta... mas não impõe entrar e nem ficar.

*Tenho muitas dificuldades com minha pobre Leônia. Sabeis que ela ia todos os dias tomar lições com duas velhas religiosas aposentadas. Eu não estava descontente com a maneira como elas se arranjavam para instruí-la, e eis que descobri algo a respeito das pretensas Irmãs, que me impede absolutamente de continuar a confiar-lhes Leônia.*

*Imaginai que elas deixam definhar uma pobre menina de oito anos, que tinham adotado supostamente por caridade. Faz dois meses que comecei a saber dessa história. Antes de agir, quis estar bem segura do que suspeitava, pois me custava muito denunciá-las, mas, na última quinta-feira, um fato fez com que eu ficasse completamente decidida.*

*Há um negócio que não me atrevo a contar-vos, mas que já me causou e ainda me causa muita preocupação e angústias. Consegui um lugar para a menina no Refúgio e estou esperando sua mãe para que ela a conduza até lá. Disse todas as verdades às infelizes hipócritas, que rezam ou fingem rezar ao bom Deus, da manhã até à noite, e tirei Leônia de suas mãos. (Carta 127)*

*Elas deixaram Armandine sem comer da manhã até às três e meia da tarde; quer dizer, ao meio-dia deram-lhe cinco ou seis colheradas de sopa. É verdade que elas tinham jantado mais cedo, não tendo visitas que as impedissem. Enfim, às três e meia deram-lhe um pedacinho de pão com um pouco de gordura do cozido frio, enquanto elas mesmas comiam cordeiro. A pequena lhes suplicou dar-lhe ao menos um pedacinho de queijo, elas a trataram como desavergonhada. Ela teve que se contentar com seu pão seco, e em tão pequena quantidade, que teve que pedir novamente com insistência, o que lhe foi brutalmente negado. Leônia tinha esquecido de levar-lhe o que eu tinha preparado, como de costume, para o lanche da pobre criança.*

*À noite, indo buscar Leônia, a criada viu Armandine com a cara cansada. Interrogou-a: "Estás doente?" Ela respondeu: "Estou com dor de barriga, elas não quiseram dar-me de comer, tinha comido tão pouco que estou com tanta fome quanto antes".*

*Quando me falaram isso, fiquei tão indignada que não quis tomar a sopa. Escrevi imediatamente ao pároco de Banner, terra de origem da menina, para questioná-lo sobre quem era a mãe de Armandine e se ela consentiria em vir buscar sua filha para colocá-la no Refúgio.*

*No dia seguinte, envio à pequena duas tortinhas de compota, em seu cesto, que ela tinha esquecido em casa outro dia. Tinha o pressentimento de que tudo seria desmascarado naquele dia, por isso disse a Leônia o que era preciso responder. Minhas previsões se realizaram; Armandine, com medo de ser descoberta, escondia seu cesto sob o avental, quando Leônia lhe tinha aconselhado não fazê-lo, para não parecer que estava dissimulando. Não houve necessidade de mais: as Irmãs quiseram ver o que ela escondia daquele jeito.*

*Enfim, uma hora depois, recebo a visita da Irmã São Luís[1]; meu coração batia forte, mas eu estava decidida a não usar de nenhuma caute-*

---

1 Uma das duas falsas religiosas.

*la, estava até mesmo contente pela ocasião que se apresentava. Disse-lhe por que eu estava mandando pão à pequena, e em termos que a Irmã achou, sem dúvida, muito enérgicos. Todavia, ela não se irritou, até ria o tempo todo, tomando minhas mãos entre as suas... Propus-lhe fornecer pão à menina, sob a condição de que a deixassem comer até matar a fome. Ela me respondeu, sempre sorrindo, que não me prometia isso, e partiu ainda rindo!*

*Quando a criada foi buscar Leônia, a cena tinha mudado. Irmã São Luís chorava e fazia a santa perseguida, dizendo que isso era uma pérola a mais para sua coroa, que o bom Deus tinha sofrido mais e que ela pagaria o mal com o bem, que ela se ocuparia de minha filha com tanto amor e solicitude quanto antes...*

*Luísa estava confusa; quanto a mim, não me deixei comover, já sabia o que tinha que fazer. Minha intenção era retirar Leônia, mas refleti que era melhor enviá-la no dia seguinte, que era sábado, para ficar com Armandine no domingo. Pensava que as Irmãs não ousariam recusar-me e queria interrogá-la a fundo.*

*No sábado pela manhã, fui ao Refúgio. Diante de um fato semelhante, a superiora acolheu imediatamente meu pedido; disse-me que não tinham vaga, mas abririam uma para minha protegida. (Carta 128)*

---

### *AMORIS LAETITIA, 67*

*O Concílio Ecumênico Vaticano II ocupou-se, na Constituição pastoral **Gaudium et spes**, da promoção da dignidade do matrimônio e da família (cf. nn. 47-52). "Definiu o matrimônio como comunidade de vida e amor (cf. n. 48), colocando o amor no centro da família (...)". O "verdadeiro amor entre marido e mulher" (n. 49) implica a mútua doação de si mesmo, inclui e integra a dimensão sexual e a afetividade, correspondendo ao desígnio divino (cf. nn. 48-49). Além disso sublinha o enraizamento dos esposos em Cristo: Cristo Senhor "vem ao encontro dos esposos cristãos com o sacramento do matrimônio" (n. 48) e permanece com eles.*

## 35

# A DOENÇA DA MAMÃE ZÉLIA AVANÇA

Normalmente certas doenças avançam e não regridem, e mesmo quando parecem regredir é por pouco tempo, e reaparece, outras aparecem. Somos frágeis e aceitar com amor a cruz do sofrimento é sinal de maturidade. Quando alguém da família adoece toda a família vive numa fragilidade emocional, muito mais quando é a mãe ou o pai. Zélia não esconde o tumor no seio nem ao marido, nem ao irmão farmacêutico Isidoro, nem à sua irmã, a Irmã Dositea, e nem às filhas maiores, que podem compreender o que acontece nela. Zélia encontra a força para levar para frente, seja as maternidades, seja o trabalho na oração e no apoio incondicional de Luís, o doce marido melhor do mundo, como ela mesma o define.

Zélia não confia nos médicos, mas sim em seu irmão que é farmacêutico e não médico, e que evidentemente dá conselhos nem sempre acertados sobre o que deve ser feito. O mal avança silencioso, mas inexoravelmente e, em 1876, Zélia suporta tudo com amor, e em silêncio, sem se queixar demasiadamente, porém, durante o verão em que Isidoro e sua família passam férias em *Alençon*, Zélia aborda o problema com franqueza com o Isidoro. Poucos meses que os *Guérin* voltaram para *Lisieux* Zélia escreve à cunhada:

*Meu irmão quer que eu lhe dê notícias de minha saúde; está muito boa, só estou sofrendo do espírito. Não estou, certamente, na exultação, atormento-me muito, com ou sem razão. Ah! Se eu estivesse livre de meu comércio, seria feliz. Mas não, minha pobre Leônia estaria aqui para me impedir de gozar plenamente, seu futuro me preocupa. O que será dela quando não estivermos mais aqui?*

*Faço os remédios, pretensamente necessários para combater esse tumor, mas nada acontece. Enfim, fico com a consciência pesada quando deixo de fazer, o que não quero mais que aconteça daqui para a frente, prometo-vos. (Carta 173)*

Embora a dor e a preocupação, Zélia permanece interior e exteriormente tranquila, seja o que Deus quiser. Nas cartas ao irmão Isidoro, à irmã Dositea, não revela com clareza toda a realidade do câncer, mas diz só em parte o que se passa com a sua saúde. A preocupação de Zélia não é tanto consigo mesma, quanto ao que será depois da sua morte, do seu marido Luís e da sua "pobre Leônia". É a preocupação de mãe, que ama não a si mesma, mas aos outros.

Em dezembro de 1876, o diagnóstico é verdadeiramente grave e sério. Vale a pena ler e meditar a carta 177.

## Carta 177 – à Senhora Guérin

*17/12/1876*

*Minha querida irmã,*

*Meu coração está batendo forte ao pensar no sofrimento que vou causar-vos, por um instante hesitei em vos dizer toda a verdade, mas sinto que é necessário, preciso de vossos conselhos.*

*Eu estava decidida, domingo passado, a ir procurar um médico; estava mais inquieta do que deixava transparecer, vendo meu mal agravar-se; se demorei tanto, é porque usava o remédio de meu irmão e ele não me aconselhava nada de médico.*

*Eu também sabia que a única coisa a fazer seria uma operação, e esse pensamento me faz tremer, não por causa do sofrimento, mas porque estou convencida de que, a partir daquele momento, me deitarei para não me levantar mais.*

*Enfim, ao receber vossa carta, eu teria ido encontrar o Doutor X, se não tivesse um envio de renda para fazer; esperei, portanto, até a sexta-feira. Meu marido, lendo vossas linhas, começou a ficar preocupado; foi encontrar o Sr. Vital Romet, porque eu dizia que não queria ver médico. O Sr. Vital veio; ele insistiu em uma operação, citando-me várias senhoras que conheço e que se saíram bem.*

*Finalmente, fui ao Doutor X, que, depois de ter examinado e apalpado, disse-me, após um minuto de silêncio: "Sabeis que o que tendes é de natureza muito grave? É um tumor fibroso. A senhora recuaria diante de uma operação?" Respondi: "Não, mesmo tendo a certeza de que, em vez de salvar-me a vida, essa operação abreviaria os meus dias". Acrescentei provas para dar garantias do que dizia, tão bem que ele retorquiu imediatamente: "Sabeis tanto quanto eu, tudo isso é a verdade, também não posso vo-lo aconselhar, pois é muito duvidoso".*

*Perguntei-lhe se havia uma chance em cem, ele me respondeu evasivamente.*

*Eu o sei, a despeito de sua franqueza, por isso vou apressar-me em liquidar meus negócios para não deixar minha família no embaraço.*

*Ele me passou uma receita. Disse-lhe: "Para que servirá isso?" Ele me olhou e replicou: "Para nada, é para agradar os doentes".*

*Não pude deixar de dizer tudo em nossa casa. Agora me arrependo, pois era uma cena de desolação... todos choravam, a pobre Leônia soluçava. Mas citei-lhes tantas pessoas que passaram dez e quinze anos assim, e eu parecia tão pouco inquieta, fazendo meu trabalho tão alegremente como de costume, que acalmei um pouco o meu pessoal.*

*Estou, no entanto, bem longe de iludir-me, quase não consigo dormir à noite ao pensar no futuro. Todavia, resigno-me o melhor que posso, mas estava longe de esperar semelhante provação. Minha irmã está muito feliz por morrer, ela não ficará sabendo de nada dessas tristezas, não quero amargurar seus últimos dias; também não o direi a Paulina. Se ela soubesse, não poderia voltar ao internato; como a conheço, ela sofreria mais que se me visse.*

*Se tendes alguma opinião a dar-me sobre a cirurgia, peço-vos escrever-me esta semana, pois Paulina chega quarta-feira e não quero que ela veja essa carta.*

*Meu marido está inconsolável; deixou o prazer da pesca, colocou as linhas no celeiro, não quer mais ir ao Círculo Vital, está como que aniquilado. Ele foi, no mesmo dia, encontrar o Sr. Vital para dar-lhe conta da consulta; este insiste em dizer que a operação é muito necessária, dai-me vossa opinião, por favor.*

*Não estou sofrendo muito; é um entorpecimento em todo o lado, até debaixo do braço, uma dor surda no lugar do inchaço, não posso mais me deitar desse lado.*

*Gostaria que isso não vos atormentasse muito e que vos resigneis à vontade de Deus; se Ele me achasse útil sobre a terra, certamente não permitiria que tivesse essa doença, pois pedi tanto a Ele que não me levasse deste mundo enquanto fosse necessária às minhas filhas.*

*Agora Maria está crescida, tem um caráter muito, muito sério e não tem nenhuma das ilusões da juventude. Estou segura de que, quando eu não estiver mais aqui, ela dará uma boa dona de casa e fará todo o possível para educar bem suas irmãzinhas e dar-lhes bom exemplo.*

*Paulina também é encantadora, mas Maria tem mais experiência: ela tem, aliás, muita influência sobre suas irmãzinhas. Celina mostra as melhores disposições, será uma criança muito piedosa, é bem raro mostrar nessa idade semelhantes inclinações à piedade. Teresa é um verdadeiro anjinho. Quanto a Leônia, só o bom Deus pode mudá-la, e tenho a convicção de que Ele o fará.*

*Espero ir ver-vos ainda uma vez; se perceber que o mal progride muito, irei antes das férias. Se Paulina estivesse aqui, eu a levaria a vós com Maria e as deixaria convosco algumas semanas, com medo de que isso não seja possível nesse verão.*

*Elas ficarão muito felizes por ter a vós quando eu não estiver mais aqui, vós as ajudareis com vossos bons conselhos e, se elas tivessem a infelicidade de perder seu pai, vós as levaríeis para vossa casa, não é?*

*Consola-me muito pensar que tenho bons parentes, que nos substituirão com vantagem em caso de infelicidade. Há pobres mães bem mais infelizes que eu, que não sabem o que vai ser de seus filhos, que os deixam na necessidade, sem nenhum socorro; eu não tenho nada a temer por esse lado. Enfim, não vejo as coisas em preto, é uma grande graça que Deus me dá.*

*Desde que vos escrevi tudo que precede, passou-se muito tempo, porque eu estava esperando, para enviar minha carta, aquela que recebo do Mans hoje e que junto à minha.*

*Não vos preocupeis por minha causa, não estou muito doente neste momento, é pouca coisa e, se eu não visse a espessura, acreditaria não ser nada. Tenho um calo no pé que me faz muito mais mal, não preciso vê-lo para senti-lo. Como quer que seja, aproveitemos o tempo que nos resta e não nos atormentemos; por sinal, será sempre somente o que o bom Deus quiser. Se o mal se agravar, farei peregrinações. Se tivesse escutado Luís, creio que já estaríamos em Lourdes, mas isso não tem pressa.*

*Gostaria, neste momento, de ir passar um dia convosco, vereis que tenho a cara boa, bom ape-*

*tite e estou muito alegre; é verdade que não faço drama.*

*Enquanto espero notícias vossas, abraço-vos de todo coração.*

É a fotografia da mulher forte, segundo a Bíblia, que diante do sofrimento não volta as costas aos seus deveres de esposa, de mãe, e de responsável do seu trabalho, seja do ponto de *Alençon* como das pessoas que trabalham com ela.

Diante dessa dura realidade, Luís entra numa depressão, se preocupa e é inconsolável, mas reage com toda a sua força interior, para não influenciar as filhas, especialmente a pequenina Teresa, que ama apaixonadamente a mãe e é mimada por ela. Luís aconselha que ela faça uma peregrinação a Lourdes para pedir à Virgem Maria a cura do câncer, coisa que Zélia fará com grande alegria e esperança. Diante da doença, Zélia não se fecha sobre si mesma, e nem chora sobre a sua dor, mas reage com fé, com amor, e deseja mais ainda fazer o bem, e ser na família e com os parentes sempre um sinal da esperança.

## *AMORIS LAETITIA*, 68

*O amor conjugal requer nos esposos uma consciência da sua missão de 'paternidade responsável', sobre a qual hoje tanto se insiste, e justificadamente, e que deve também ela ser compreendida com exatidão (...).*

## 36

# O DOUTOR NOTA, AMIGO DA FAMÍLIA

O mal não se pode esconder por muito tempo, Zélia continua a crer nos remédios, que o seu irmão Isidoro lhe aconselha, mas se confia também com um médico, amigo da família Doutor Nota, que mais tarde acompanhará mesmo a doença de Teresa do Menino Jesus, quando ela estiver no Carmelo.

Diante do diagnóstico do Doutor Nota, se compreende que a Zélia restam poucos meses de vida. Zélia não se deixa abater pelo desânimo, mas confia no Senhor e cita a palavra de Deus: "é Ele que fere e que cura". Abandona-se totalmente à vontade do Senhor, sem deixar de fazer todo o possível para recuperar a saúde, indo em peregrinação a Lourdes, uma viagem cansativa, mas que manifesta a fé não só de Zélia, mas de toda a família.

O médico se queixa que se tenham tomado decisões muito tarde, e que agora não é aconselhável fazer uma cirurgia, é melhor continuar com remédios paliativos, mas não agressivos. Zélia quase em todas as cartas que escreve faz referência à educação das filhas, e uma preocupação central é com Leônia, que não vê progredir, seja intelectualmente, seja rm seu caráter agressivo e introvertido.

A saúde de irmã Dositea piora também e isto é uma preocupação a mais na família. Zélia e Dositea sempre tiveram um bom relacionamento, e se tem ajudado reciprocamente. Uma carta do Mosteiro das Visitandinas de Le Mans anuncia a morte de irmã Dositea: morreu como uma santa. Essa notícia consola bastante a família. Essa fama de santidade não era só na família *Guérin*-Martin, mas na mesma comunidade das Visitandinas, e a ela Zélia recorre nas orações, nos momentos difíceis, pedindo ajuda especialmente para Leônia, na qual se notam mudanças positivas no caráter e na maneira de agir. É o que diz Zélia na carta 194.

*Acredito ter obtido uma grande graça pelas orações de tua tia; eu lhe recomendara tanto minha pobre Leônia desde sua entrada no Céu, que acredito sentir os efeitos.*

*Sabes como era tua irmã: um espírito de insubordinação, não tendo jamais conseguido que me obedecesse senão pela força, fazendo, por espírito de contradição, tudo ao contrário do que eu desejava, mesmo que ela tivesse vontade de fazê-lo; enfim, só obedecia à empregada.*

*Eu tentara todos os meios em meu poder para atraí-la a mim: nada dera certo até esse dia, e era esse o maior sofrimento de minha vida.*

*Desde que tua tia morreu, supliquei-lhe entregar-me o coração da pobre menina e, domingo pela manhã, fui atendida. Tenho-a comigo tão completamente quanto possível, ela não quer mais me deixar um só instante, abraça-me até me sufocar, faz sem replicar tudo o que lhe digo, trabalha ao meu lado o dia inteiro.*

*A empregada perdeu inteiramente sua autoridade, e é certo que nunca mais terá domínio sobre Leônia, da maneira como as coisas se passaram. Ela achou o golpe muito duro, chorou e gemeu quando lhe ordenei que fosse embora imediatamente, que não queria mais tê-la sob os olhos.*

*Ela me suplicou tanto para ficar, que vou esperar ainda algum tempo, mas está proibida de dirigir a palavra a Leônia. Agora, trato essa criança com tanta doçura que espero chegar, pouco a pouco, a corrigir seus defeitos.*

*Ela foi ontem passear comigo e fomos às Clarissas. Leônia me disse baixinho: "Pede, mamãe, que aquelas que estão no claustro rezem por mim, para que eu seja religiosa". Enfim, tudo vai bem, esperemos que isso continue.*

*Minha querida Paulina, já que és tão favorecida por tua tia, pede-lhe que ela me cure do mal que conheces. Desejo agora, mais que nunca, ficar convosco, é mais necessário para Leônia que para as menorzinhas; enfim, é certo que, se for tão útil como penso, a Santíssima Virgem me curará. Irei certamente a Lourdes este ano, gostaria de juntar--me a uma peregrinação, mas não haverá nenhuma por nossa diocese. Se pudesses informar-te se haverá uma no Mans, iríamos todas: isto é, Maria, tu e Leônia, e estou segura de voltar curada; rezareis tanto por mim que sereis atendidas.*

## *FAMILIARIS CONSORTIO*, 21

*Todos os membros da família, cada um segundo o dom que lhe é peculiar, possuem a graça e a responsabilidade de construir, dia após dia, a comunhão de pessoas, fazendo da família uma "escola de humanismo mais completo e mais rico".*

# 37

# LOURDES

A peregrinação a Lourdes começa a tomar corpo e se pensa em como realizar a viagem, para que Zélia possa ir e voltar com saúde, se for segundo a vontade de Deus.

Zélia, antes de empreender a viagem a Lourdes, quer deixar todas as coisas em ordem, seja na família, seja no trabalho do ponto de *Alençon*, e combina tudo direitinho com Luís, para que, na sua ausência, tudo possa continuar na tranquilidade e na paz. Muitas vezes quando rezamos, duvidamos de receber o que pedimos, no entanto, no coração de Zélia e de todos há uma certeza de que vão receber a graça da cura. Mas ao mesmo tempo se abandonam à vontade de Deus. Devemos aprender também essa confiança e abandono, que mais tarde encontramos em todas as páginas da "História de Uma Alma", o livro das sete maravilhas do mundo da espiritualidade, junto com "As Confissões", de Santo Agostinho; "Os Exercícios Espirituais", de Inácio de Loyola; "O Castelo Interior", de Teresa d'Ávila; "A Chama Viva de Amor", de São João da Cruz; e "A Imitação de Cristo", livros que constituem um verdadeiro caminho para a santidade, mas no primeiro lugar está o Evangelho, livro que não cansa e encanta o coração no dizer da mesma Santa Teresinha.

Na viagem a Lourdes, não vai sozinha, mas sim com uma peregrinação organizada pela paróquia. A partida é fixada para a segunda-feira, dia 18 de junho, Zélia vai acompanhada das suas três filhas Maria, Paulina e Leônia.

Zélia se vê obrigada a partir domingo dia 17, embora não goste de viajar neste dia do Senhor. A dor da enfermidade se faz sentir mais aguda e incomoda, mas enfrenta tudo com força de ânimo, sustentada na fé de que a Virgem Maria a curará e lhe dará a força para fazer em tudo a vontade de Deus.

Uma viagem difícil e longa, 24 horas. E Zélia enfrenta um pouco de tudo: sofre uma recaída, às filhas que se queixa um pouco de tudo, cansada e sem um atendimento adequado. Zélia chega a

Lourdes cansada e sem força, mas deseja ir logo à gruta para rezar, embora não tenha comido nada. Ela sabe que a oração acompanhada de jejum é mais aceita a Deus e a Virgem Maria...

Zélia, embora cansada, imerge na piscina da gruta da água milagrosa, e sente-se prostrada, distraída nas suas orações e ela mesma diz que não conseguiu nem rezar o terço e nem participar bem da Santa Missa.

Antes de partir novamente rumo a *Alençon*, ela imerge novamente na piscina, espera e pede com insistência a cura, para poder cuidar da família. A peregrinação termina no dia 21 de junho, ela volta para casa, se dá conta de que a doença continua, aceita com amor e sem revolta.

A mesma Zélia confia, na carta:

*Tenho sempre uma esperança muito firme de sarar, que não deixa de crescer. Vejo no rosto de algumas pessoas, que vieram informar-se do resultado de minha peregrinação, um ar de incredulidade, mas isso não me desconcerta.*

*Em primeiro lugar, não posso deixar de sentir a confiança que me anima. Recomeço minhas novenas, coloco água de Lourdes em minhas chagas todas as noites e, depois disso, vivo na esperança e na paz, esperando que a hora de Deus chegue.*

*Vi ontem a Srta. X., que me confessou o que eu já sabia – que ela não acredita em milagres. Eu lhe disse, no entanto, que, mesmo assim, tinha esperança; ela me aprova com as palavras, mas vejo bem o fundo de seu pensamento. Eu espero sempre esse milagre da bondade e onipotência de Deus, por intercessão de Sua Santa Mãe. Não que lhe peça de me tirar completamente meu mal, mas somente deixar-me viver alguns anos para ter tempo de criar minhas filhas, principalmente a pobre Leônia, que tem tanta necessidade de mim e que me dá tanta pena. (Carta 210)*

---

## *AMORIS LAETITIA,* 73

*O sacramento não é uma «coisa» nem uma «força», mas o próprio Cristo, na realidade, "vem ao encontro dos esposos cristãos com o sacramento do matrimônio. Fica com eles, dá-lhes a coragem de O seguirem, tomando sobre si a sua cruz, de se levantarem depois das quedas, de se perdoarem mutuamente, de levarem o fardo um do outro".*

---

## 38

# A VIA SACRA DE ZÉLIA

Zélia porta com esperança, alegria e serena aceitação a sua cruz e não chora sobre si mesma, mas esquecendo-se, se preocupa de manter forte e alto o moral, para não pesar sobre a sua família e os que a ama. Retornando da viagem de Lourdes, tenta retomar a suas atividades, mas não consegue. Todos os dias a situação piora, ao seu redor não falta a delicadeza amorosa do marido e das pessoas que a conhecem. Isso alivia, mas não tira o sofrimento. Na carta 212, que escreve para a cunhada, se queixa que não lhe é possível fazer quase nada, nem sentar-se, nem caminhar, e nem se ajoelhar... Ainda conserva em seu coração que será curada pela Virgem Maria.

A fé e confiança em Deus de Zélia não mudam, muda só o horizonte. Não espera mais a cura, mas sim em poder morrer bem e, do Céu, ajudar os que ainda ficam na terra, particularmente o seu amor primeiro Luís, suas filhas, entre as quais uma atenção especial para Leônia. Na carta 213, sentimos todo o sofrimento de Zélia, não um grito de desespero, mas sim de esperança e confiança em Deus, que tudo pode. Ela pede a Deus duas virtudes tão necessárias nesses momentos: paciência e aceitação... Leônia melhora cada vez mais, e manifesta sua afetividade para com a mãe, e vendo-a sofrer, deseja morrer no lugar dela.

---

## *AMORIS LAETITIA*, 83

*Neste contexto, não posso deixar de afirmar que, se a família é o santuário da vida, o lugar onde a vida é gerada e cuidada, constitui uma contradição lancinante fazer dela o lugar onde a vida é negada e destruída. É tão grande o valor duma vida humana e inalienável o direito à vida do bebê inocente que cresce no ventre de sua mãe, que de modo nenhum se pode afirmar como um direito sobre o próprio corpo a possibilidade de tomar decisões sobre esta vida que é fim em si mesma e nunca poderá ser objeto de domínio doutro ser humano. A família protege a vida em todas as fases da mesma, incluindo o seu ocaso.*

---

## 39

# DOMINGO 22 DE JULHO...
# ÚLTIMA SANTA MISSA

Zélia recolhe todas as forças e quer participar da Santa Missa. A primeira missa, a dos pobres, às cinco da manhã, é para ela um verdadeiro calvário, em que oferece totalmente a si mesma, com dor e amor.

*Domingo de manhã, após uma noite muito ruim, levanto-me às cinco horas para ir à primeira missa.*

*Enquanto Maria me penteava, de repente, soltei um grito estridente, meu pescoço começou a retorcer-se. Acreditei que fosse passar, quis ir à missa mesmo assim, mas só podia dar um passo com uma precaução extrema. Quando era preciso descer uma calçada, era todo um negócio. Felizmente não havia muita gente na rua. Prometi-me nunca voltar à missa nesse estado. A noite seguinte foi das piores, por causa de uma horrível dor de dente. Outras vezes, a bochecha ficou inflamada por causa dos dentes, mas nunca foi assim, temia uma erisipela. Ontem à noite, eu estava apavorada pela noite, a julgar pelo que havia sido o dia. Pedi a Virgem Santa a graça de poder ficar na cama e fui atendida. Cheguei até a repousar das dez da noite à uma da manhã.*

*Vi o Sr. Vital domingo; ele me garantia que eu não estava com febre e eu sentia que esta minava minhas forças! Ele me disse que a dor no pescoço vinha do pequeno esforço que eu fizera, mas que havia um desequilíbrio nos órgãos. Nisso eu acredito, pois a dor vai e vem e, no momento em que me vejo melhor, ela volta. (Carta 215)*

É o caminho doloroso e cheio de amor a Deus. No mais íntimo do coração de Zélia reina a paz por ter sido digna de sofrer a paixão de Jesus. Não é fácil compreender tudo isto. Para nós, que vivemos num mundo em que a dor é sinal de castigo de Deus, e que se tenta fugir com todas as forças, até preferir o suicídio assistido à morte natural. A vida é um dom de Deus, do seu primeiro aparecer ao seu último respiro, a ninguém é lícito viver numa fuga da cruz, é preferir a vida à morte.

## *FAMILIARIS CONSORTIO*, 23

*(...) A Igreja, com o devido respeito pela vocação diversa do homem e da mulher, deve promover, na medida do possível, também na sua vida, a igualdade deles quanto a direitos e dignidades, e isto para o bem de todos: da família, da Igreja e da sociedade. É evidente, porém, que isto não significa para a mulher a renúncia à sua feminilidade nem a imitação do carácter masculino, mas a plenitude da verdadeira humanidade feminil, tal como se deve exprimir no seu agir, quer na família quer fora dela, sem contudo esquecer, neste campo, a variedade dos costumes e das culturas.*

## 40

# A ÚLTIMA CARTA...

A última carta de Zélia é do dia 16 de agosto. Ela escreve para o seu irmão Isidoro. Está inacabada, sem dúvida pela dor ela deixa de escrever, embora o seu coração esteja cheio de tantas coisas, que gostaria de dizer.

*"Já não posso estar de pé. Desço da cama com muito custo, vou até a cadeira de braços e da cadeira para a cama. As últimas duas noites foram atrozes. Há dois dias me lavei com água de Lourdes e desde então sofri muito, principalmente debaixo do braço. Nossa Senhora não quer curar-me.*

*Não posso escrever mais porque estou exausta. Fizestes bem em vir a Alençon enquanto eu posso estar contigo.*

*Que queres? Se Nossa Senhora não me cura é porque o meu tempo se cumpriu e Nosso Senhor*

*quer que eu descanse noutro lugar e não na terra...."
(Carta de Zélia ao irmão, de 16 de agosto de 1877).*

---

## *AMORIS LAETITIA*, 89

*De fato, a graça do sacramento do matrimônio destina-se, antes de mais nada, "a aperfeiçoar o amor dos cônjuges" Também aqui é verdade que, "ainda que eu tenha tão grande fé que transporte montanhas, se não tiver amor, nada sou. Ainda que eu distribua todos os meus bens e entregue o meu corpo para ser queimado, se não tiver amor de nada me vale" (1Cor 13, 2-3). Mas a palavra "amor", uma das mais usadas, muitas vezes aparece desfigurada.*

---

## 41

# OS ÚLTIMOS DIAS DE ZÉLIA

Cada um morre como tem vivido, precisamos preparar-nos bem para o encontro com Deus. A morte é uma irmã que, no tempo devido, nem antes e nem depois, vem para levar-nos para o Céu, onde tem muitas moradas, que o Pai nos tem preparado. Quem dará as últimas notícias sobre a saúde de Zélia será a filha Maria, em sua carta de 25 agosto de 1877, onde diz que a *"mãe está sempre pior. Sofre dores atrozes. Não consegue dormir e se vê obrigada a levantar-se de meia em meia hora. Sente-se sufocada...".* Na tarde do dia 27 de agosto Zélia recebe o sacramento da unção dos enfermos, que naquele tempo na Igreja era chamada "extrema unção", e se dava somente em perigo eminente de morte. Não como agora, que se pode receber também várias vezes na vida, diante de uma grave situação de fragilidade da saúde.

Vamos dar a palavra a Teresa do Menino Jesus, que assim descreve na "História de Uma Alma".

*Todos os pormenores da doença de nossa querida mãe estão presentes no meu coração. Lembro-me, sobretudo, das últimas semanas que passou nesta terra. Éramos, Celina e eu, como pequenas exiladas. Todas as manhãs, a senhora Leriche vinha nos buscar e passávamos o dia em sua casa. Um dia, não tivemos tempo de dizer nossa oração antes de sair de casa. Durante o trajeto, Celina me disse baixinho: "É preciso dizer que não fizemos a nossa oração?" — "Oh, sim!", lhe respondi. Então, muito timidamente, ela o disse para a senhora Leriche, que respondeu: "Então, minhas filhinhas, ide fazê-la", e, colocando-nos num quarto grande, saiu... então, Celina me olhou e dissemos: "Ah! não é como a mamãe... ela sempre nos acompanhava na oração!..." Quando brincávamos com as crianças, o pensamento da nossa mãe querida nos perseguia sempre. Certa vez, Celina recebeu um belo damasco, inclinou-se para mim e disse baixinho: "Não vamos comê-lo, vou dá-lo a mamãe". Ai! essa pobre mãezinha já estava doente demais para poder comer os frutos da terra, só iria fartar-se da glória de Deus, no Céu, e beber com Jesus o vinho misterioso do qual falou em sua última ceia, prometendo compartilhá-lo conosco no reino do seu Pai.*

*A comovente cerimônia da extrema-unção imprimiu-se também em minha alma. Ainda vejo o lugar onde eu estava, ao lado de Celina [as cinco] por ordem de idade e o pobre pai estava ali, soluçando...*

*No mesmo dia ou no dia seguinte à partida de mamãe, pegou-me no colo e disse: "Venha beijar uma última vez sua pobre mãezinha". Sem nada dizer, aproximei meus lábios da testa da minha mãe querida... Não me lembro de ter chorado muito, não falava com ninguém dos sentimentos profundos que eu tinha... Olhava e ouvia em silêncio... Ninguém tinha tempo para ocupar-se de mim, por isso, via muitas coisas que queriam esconder. Certa hora, encontrei-me diante da tampa do caixão... parei muito tempo para olhá-lo, nunca tinha visto um, mas compreendia; eu era tão pequena que, apesar da pouca altura de mamãe, era obrigada a levantar a cabeça para ver a parte de cima e parecia-me muito grande... muito triste... Quinze anos depois, encontrei-me diante de outro caixão, o de Madre Genoveva. Tinha o mesmo tamanho que o da minha mãe e vi-me de novo nos dias da minha infância!... Todas as minhas recordações voltaram juntas. Era a mesma Teresinha que olhava, mas tinha crescido e o caixão parecia-lhe pequeno, ela não precisava mais erguer a cabeça para vê-lo, só a levantava para contemplar o Céu, que lhe parecia muito alegre, pois todas as suas provações tinham chegado ao fim e o inverno da sua alma tinha ido embora para sempre...(MA 12f)*

Na quarta-feira 29 de agosto celebrou-se o funeral de Zélia na Igreja *Notre-Dame* de *Alençon*. Será sepultada no cemitério da paróquia, e em 1894 Isidoro tomará a decisão de transferir o corpo para o cemitério de *Lisieux*. Com a morte de Zélia fecha uma página da história familiar, do caminho juntos de um casal que sempre buscou a glória de Deus, a boa educação das filhas e vivenciou o amor ao próximo, e se abre uma nova página de história, onde o Pai Luís Martin, se vê chamado a desempenhar a missão de pai e mãe das suas cinco filhas. Zélia morreu jovem, com 46 anos...e Luís tem 51 anos, se encontra viúvo, sozinho, mas cheio de esperança de coragem e com um coração terno de amor por suas filhas, que vê uma a uma, entrar na vida religiosa.

## *AMORIS LAETITIA*, 90

*No chamado hino à caridade escrito por São Paulo, vemos algumas características do amor verdadeiro:*
*"O amor é paciente,*
*é benfazejo;*
*não é invejoso,*
*não é arrogante nem orgulhoso,*
*nada faz de inconveniente,*
*não procura o seu próprio interesse,*
*não se irrita,*
*nem guarda ressentimento,*
*não se alegra com a injustiça,*
*mas rejubila com a verdade.*
*Tudo desculpa,*
*tudo crê,*
*tudo espera,*
*tudo suporta"*
*(1Cor 13, 4-7)*

*Isso pratica-se e cultiva-se na vida que os esposos partilham dia-a-dia entre si e com os seus filhos. Por isso, vale a pena deter-se a esclarecer o significado das expressões deste texto, tendo em vista uma aplicação à existência concreta de cada família.*

## 42

# LUÍS MARTIN, VIÚVO, MAS NÃO... SOLITÁRIO

A morte da esposa Zélia vai revolucionar toda a vida da família. Luís se encontra com cinco filhas em casa, um pouco para não dizer muito perdido. O que fazer? Como educá-las? Que medida tomar? Como poder educar melhor as suas filhas e como lidar com os diversos caracteres? É verdade que em todas elas vê o reflexo da educação de Zélia, que soube infundir junto a elas sentimentos religiosos e humanos de grande valor. Nesse momento se vê circundado do afeto e da ajuda, especialmente do seu cunhado e amigo Isidoro, em quem Zélia punha toda confiança.

Luís Martin sente muito perto a presença espiritual de sua santa esposa Zélia. Escuta com o coração os conselhos que ela lhe deu de cuidar das filhas, está aberto em aceitar a ajuda dos outros, em modo particular dos que podem ajudar. Ele sabe que agora toda sua atenção deve ser orientada para o grande tesouro humano, que Deus lhe confiou, que são as suas cinco filhas. Deve educar as menores, que são Celina e Teresa, ajudado das maiorzinhas Maria e Paulina. Mas não pode esquecer a sua Leônia, a Lourinha que de tanto afeto e atenção precisa, para não cair no pessimismo que a torna cada vez mais agressiva.

São momentos difíceis para a família Martin. Luís, aconselhado pelo cunhado Isidoro, compreende que seria melhor para educação das filhas mudar de casa e ir a morar em *Lisieux*, assim teria a possibilidade de ficar perto da família *Guérin*, e suas filhas sentiriam menos a dor da morte da mamãe Zélia.

---

### *FAMILIARIS CONSORTIO*, 25

*(...) O amor conjugal autêntico supõe e exige que o homem tenha um profundo respeito pela igual dignidade da mulher: "Não és o senhor - escreve Santo Ambrósio - mas o marido; não te foi dada como escrava, mas como mulher... Retribui-lhe as atenções tidas para contigo e sê-lhe agradecido pelo seu amor". Com a esposa o*

*homem deve viver "uma forma muito especial de amizade pessoal". O cristão é, além disso, chamado a desenvolver uma atitude de amor novo, manifestando para com a sua esposa a caridade delicada e forte que Cristo nutre pela Igreja.*

---

## 43

# LISIEUX

Com a mudança da família Martin se fecha a primeira etapa da vida de Teresa e se abre um novo caminho. Luís acolhe o conselho de se transferir para *Lisieux*. É uma pequena cidade com 12.500 habitantes, um lugar sereno, tranquilo, onde se respira um ar saudável.

Em *Lisieux* mora o cunhado Isidoro, que possui a sua farmácia bem em frente da catedral de São Pedro. Não foi fácil encontrar uma casa que fosse de acordo com os desejos de Luís e das filhas. Ele queria uma casa bonita, com amplo jardim, perto da Igreja, silenciosa em que pudesse passar o seu tempo meditando, rezando e lendo os livros da sua rica biblioteca.

O tio Isidoro se encarrega de procurar a casa e envia notícia detalhada da casa encontrada. Uma casa grande, com amplo jardim, com quartos grandes, e com uma boa visão do alto da casa, em que se pode contemplar toda *Lisieux*.

Luís está contente da descrição da casa e no dia 19 de setembro de 1877 vai até *Lisieux* para ver pessoalmente a casa dos *Buissonnets*. Fica feliz e tenta alugar. Luís volta para *Alençon* para colocar em dia os seus negócios, pede as funcionárias para terminarem as últimas encomendas do ponto de *Alençon*, se despede com calma da sua velha mãe, que não deseja segui-lo até *Lisieux*. Vende o que dá para vender e se prepara para a mudança, que acontece no dia 15 de novembro de 1877.

Maria nos descreve com poucas pinceladas a alegria de toda a família pela nova moradia: "já estamos nos *Buissonnets*. É uma casa maravilhosa, com um grande jardim onde Teresa e Celina poderão brincar à vontade".

A vida se organiza rapidamente na nova habitação. Maria e Paulina são já capazes de tomar conta das mais pequeninas, Celina e Teresa. A mesma Teresa, em "História de Uma Alma", nos diz:

*No dia em que a Igreja benzeu os restos mortais da nossa mãezinha do Céu, Deus quis dar-me outra na terra e quis também que eu a escolhesse livremente. Estávamos juntas, as cinco, olhando--nos com tristeza. Luísa estava ali também e, vendo Celina e eu, disse: "Coitadinhas, estão agora sem mãe...." Então, Celina lançou-se ao colo de Maria dizendo: "Então, és tu quem serás minha mãe". Eu, acostumada a fazer igual a ela, virei-me para vós, madre, e como se o futuro já houvesse rasgado seu véu lancei-me em vossos braços exclamando: "Bom! para mim, é Paulina quem será mamãe!...". (MA 12v)*

É necessário notar como a mesma Teresa neste caso não nomeia a Leônia, que ela ama imensamente e que terá para com ela uma atenção especial. Papai Luís está preocupado com a educação das cinco filhas. Não foi uma transferência imposta de *Alençon* a *Lisieux*, mas sim dialogada, especialmente com as duas filhas maiores. Luís não esconde certa tristeza em deixar *Alençon*. Aí está quase toda sua vida, o seu trabalho, os amigos, a sua atividade comercial, e seu apostolado nas várias associações da Igreja. Os amigos insistem para que ele continue em *Alençon*, e sem dúvida encontre pessoas que possam ajudá--lo na educação das filhas, mas ele prefere sacrificar tudo em vista de uma melhor formação das suas amadas filhas. Ele mesmo confia em Isidoro e orienta as suas filhas a obedecer-lhe e seguir os conselhos do tio Isidoro e da tia Celina.

## *AMORIS LAETITIA*, 92

*O amor possui sempre um sentido de profunda compaixão, que leva a aceitar o outro como parte deste mundo, mesmo quando age de modo diferente daquilo que eu desejaria.*

## 44

## *OS BUISSONNETS*

Graças a Deus e à santidade de Teresa, ainda hoje é possível visitar, seja a casa de *Alençon* como os *Buissonnets*, que encerram as memórias mais belas e mais tristes da família Martin. Há nos pais e nas filhas uma clara consciência de que a família é uma pequena Igreja, em que se reza, se dialoga, evangelizam-se reciprocamente e onde Deus ocupa o centro da vida. A casa dos *Buissonnets* não é longe da Igreja e do centro de *Lisieux*. A sua disposição e beleza faz esquecer o Pavilhão de *Alençon*, em que Luís costumava retirar-se para suas meditações e encontros consigo mesmo e com Deus.

A nova residência não tem um nome, se encontra situada num lugar da cidade chamado *"BUISSONNETS"*.

As meninas tomam posse da casa no dia 25 de novembro e no dia 29, depois de concluir a venda do ponto de *Alençon*, chega também papai Luís... é o início de uma vida nova. Luís faz de tudo para que as filhas não sintam demasiadamente o vazio deixado pela mãe, e as filhas fazem todo o possível para alegrar a vida do pai, manifestando-lhe todo o afeto e carinho possível. Celina e Teresa preenchem o vazio com alegria e os seus brinquedos.

*Lisieux*, segundo os dados históricos, foi evangelizada parece que no IV século por São Taurinho. A atividade da cidade é o trabalho têxtil, procurado por sua consistência e qualidade. Lentamente *Lisieux* perde a sua força produtiva e cai numa grande crise econômica.

A família Martin em *Lisieux* não se dedica a nenhuma atividade comercial, ela vive de rendas, que tem acumulado em *Alençon*, e que lhe promove uma vida serena e tranquila. Luís, embora ame a política, não se envolve na situação política, mas apoia a Isidoro, que assume vários cargos políticos no município e faz parte do grupo intelectual da cidade. A única preocupação de Luís é a educação das suas cinco filhas, que ocupa depois de Deus o seu coração.

Isidoro oferecerá para Luís uma sua fiel doméstica, *Victoria Pasquier*, que educará as filhas menores e será de grande ajuda. De fato ficará com os Martin até 1884, e morrerá em 1925. Na casa, a verdadeira rainha será a pequena Teresa, a *benjamina* do pai e das irmãs.

Isidoro e Luís, embora de caracteres diferentes, se entendem maravilhosamente, agem juntos para o bem das filhas e para que não falte nada... Luís não demora muito tempo a entrosar-se nas atividades paroquiais, nos círculos católicos de *Lisieux*. Luís tem a possibilidade, na sua nova casa dos *Buissonnets*, de dedicar-se à leitura, meditação, no tempo livre, à pesca. Como sempre, conserva em seu coração um grande amor pelos pobres. A filha Maria testemunha que toda segunda-feira vinham até aos *Buissonnets* para pedir esmola, e Luís a todos recebia com amor, delicadeza, tentando ajudar na medida do possível...

Para poder guiar melhor as suas filhas tem como diretor espiritual o Padre *Le Peletier*, vigário da catedral de *Saint-Pierre*. Será um bom amigo de família.

A sua fé e devoção permanece inalterada, e vai se aprofundando cada vez mais. Todos os dias participa de duas Santas Missas, as das seis e as da sete da manhã e, segundo o costume, comunga quando for permitido pelas leis da Igreja. Voltando para casa permanece em oração, falando, como ele diz, "com Nosso Senhor", atendendo os pedidos das filhas, e brincando com elas.

Ele possui uma boa biblioteca espiritual, que ama ler e meditar. Para ele, os livros são amigos fiéis, em que pode atingir a sabedoria da vida e orientações seguras para ser um bom cristão.

A casa dos *Buissonnets* não é uma "caserna fechada", mas sim uma casa aberta e sempre tem pessoas que vêm, e o mesmo Luís não foge dos encontros com os parentes e os amigos.

Uma viuvez sem dúvida dolorosa pela perda da esposa Zélia, mas também uma viuvez rica de amadurecimento espiritual e humano. Podemos notar nele um crescimento humano, atento às necessidades dos pobres. É um aposentado de certo teor de vida que lhe permite segurança econômica para educar as filhas, para não se preocupar demasiadamente com o futuro e ajudar os mais pobres.

---

### *AMORIS LAETITIA*, 94

*Como dizia Santo Inácio de Loyola, "o amor deve ser colocado mais nas obras do que nas palavras". Assim poderá mostrar toda a sua fecundidade, permitindo-nos experimentar a felicidade de dar, a nobreza e grandeza de doar-se superabundantemente, sem calcular nem reclamar pagamento, mas apenas pelo prazer de dar e servir.*

---

## 45

# É TEMPO DE ESTUDAR... REZAR

Os anos 1878-1888 são cheios de novidades, de sacrifícios e de alegrias muito grandes na família Martin. Luís se preocupa da educação das filhas menores, isto é, de Leônia, Celina e Teresa. Que fazer? Onde colocá-las para que possam ter uma boa formação intelectual, moral e religiosa? O lugar melhor é a Abadia das Beneditinas, que tem uma tradição conceituada e onde tem também uma parenta do mesmo Luís. Com a ajuda da cunhada Celina, esposa de Isidoro, do seu diretor espiritual, Padre *Le Peletier*, Luís confia na capacidade das monjas Beneditinas e a elas confia a educação das suas filhas segundo os moldes do tempo.

Ele é livre de toda ocupação e, sob a direção da filha maior, Maria, e da ajudante *Victoria*, ele vai organizando a vida da família. Papai Luís não para um momento, quando não está mergulhado na leitura e não está escutando e dialogando com as filhas, está trabalhando no jardim, para torná-lo cada vez mais acolhedor e bonito. É muito ativo. Tem colocado no jardim, para a alegria de Celina e de Teresa, uma grande gaiola com passarinhos. Uma vida simples, mas atento também aos acontecimentos da França, do mundo e da Igreja.

As refeições serão simples, frugais, mas terá exceção nos domingos e nos dias de festa. É um hábito austero, mas que permite de saborear na simplicidade a alegria de compartilhar juntos o que a providência envia. O pai se preocupa que a oração também em família ocupe um lugar privilegiado. Maria e Paulina ensinam a rezar e rezam juntas com Celina e Teresa. O pai lê livros religiosos ao redor da lareira nas noites de inverno, e se improvisa como animador dos recreios, onde cada uma deve participar, recitando poesias ou com algo de criação pessoal. Naquele tempo não havia televisão, mas nem por isso faltava alegria e brincadeiras que alimentavam a vida familiar.

## *FAMILIARIS CONSORTIO*, 26

*Na família, comunidade de pessoas, deve reservar-se uma especialíssima atenção à criança, desenvolvendo uma estima profunda por sua dignidade pessoal como também um grande respeito e um generoso serviço por seus direitos. Isto vale para cada criança, mas adquire uma urgência singular quanto mais pequena e desprovida, doente, sofredora ou diminuída for a criança.*

## 46

# A FESTA DO REI LUÍS

Em todas as famílias se criam espontaneamente costumes de celebrar as festas, os aniversários, os momentos de diversão. Devemos pensar que no tempo em que viveu a família Martin não havia certos meios de diversão atuais, a não ser reunir a família para uma celebração eucarística, ir juntos fazer um passeio, um almoço em comum. Na família Martin se criou o costume de celebrar a festa onomástica de Luís, no dia 25 de agosto, quando a Igreja celebra a festa de São Luís, rei de França. Luís Martin está viajando, e a pequena princesa Teresa, ajudada por Paulina, escreve uma poesia e a envia por carta. Temos conservada essa carta. Vale a pena transcrevê-la por sua simplicidade, mas especialmente porque manifesta todo o amor que ela tem por seu Rei, imperador de França e de Navarra.

## Para o senhor Martin

*25 de agosto de 1885.*

*Meu Papaizinho querido,*

*Se o senhor estivesse em Lisieux deveríamos, hoje, celebrar a sua festa, mas como não está, quero assim mesmo e mais do que nunca desejar para sua festa muita felicidade e, sobretudo, muita alegria durante sua viagem. Espero, paizinho querido, que o senhor se divirta muito e que esteja muito contente em viajar. Penso constantemente no senhor e peço a Deus que lhe dê muito contentamento e que volte logo em perfeita saúde. Papai querido, para sua festa Paulina escreveu lindos versos para eu recitar pelo seu anomástico [1v], mas como não posso, vou escrevê-los:*

*Os Votos de uma Rainhazinha
para a festa do seu Papai-Rei.*

*Se eu fosse uma Pombinha,
Sabe, papai onde iria?
Teu coração, seria meu ninho, minha tumba:
Onde para sempre estaria.*

*Se me chamasse andorinha,
nos belos dias viria,
repousar a minha asinha,*

*Pai, ao abrigo do teu amor.*

*Se eu fosse pintarroxo,*
*Morava no teu jardim;*
*De tua mão um grãozinho*
*Me daria um bom festim.*

*Caso eu fosse rouxinol bravo,*
*Deixaria minha mata;*
[2f] *E viria neste bosque,*
*Cantar os meus trinados.*

*E Se uma estrelinha eu fosse,*
*De noite queria ficar,*
*Na crepuscular hora,*
*Esperança a te dar.*

*Pelos vidros da janela,*
*Lançaria mil fogos,*
*E não desapareceria*
*Sem falar-te dos Céus.*

*Se belo arcanjo fosse,*
*De asas todas de ouro,*
*Papai, fosse eu anjinho*
*É para ti que voaria.*

*Mostrar-te-ia a minha Pátria*
*Num sonho misterioso,*
*Dar-te-ia: depois da vida,*

*Para ti: este trono luminoso.*

[2v] *Se quisesses brancas asas,*
*Dos Céus eu as traria.*
*E para as praias eternas:*
*Tu e eu voaríamos.*

*Mas, não tenho asas de luz*
*Não sou um serafim;*
*Eu sou uma menininha*
*Que se leva pela mão.*

*Eu sou uma simples aurora,*
*De flor um simples botão.*
*O sol que me faz abrir.*
*É, Pai, o teu coração.*

*Crescendo eu vejo tua alma,*
*Plena do Deus de amor;*
*Teu exemplo bendito me inflama:*
*Eu quero te seguir com ardor.*

*Quero ser cá na terra:*
*Tua alegria, tua consolação,*
*Imitar-te, Paizinho*
*És tão terno e bondoso.*

[1f] *Tenho mais para dizer,*
*Mas devo terminar.*

*Papai, dá-me o teu sorriso,*
*Vem minha fronte beijar.*

*Até a vista, Papai querido. Tua rainha que te ama de todo o coração.*

*Teresa (Carta 18)*

---

## *FAMILIARIS CONSORTIO*, 26

*(...) O acolhimento, o amor, a estima, o serviço multíplice e unitário - material, afetivo, educativo, espiritual - a cada criança que vem a este mundo deverão constituir sempre uma nota distintiva irrenunciável dos cristãos, em particular das famílias cristãs. Deste modo as crianças, ao poderem crescer "em sabedoria, idade e graça diante de Deus e dos homens", darão o seu precioso contributo à edificação da comunidade familiar e à santificação dos pais.*

---

# 47

# OS SANTOS AO PÉ DA PORTA

O Papa Francisco escreveu sua carta apostólica *"Gaudete et Exultate"* sobre a santidade, vocação comum de cada cristão, e sobre a oração como caminho necessário e possível para todos. Lendo o n. 7 podemos aplicá-lo aos pais de Santa Teresa do Menino Jesus, e isso nos anima a redescobrir a família como o jardim natural da santidade na Igreja e do testemunho da vivência dos valores evangélicos.

"Gosto de ver a santidade no povo paciente de Deus: nos pais que criam seus filhos com tanto amor, nos homens e nas mulheres que trabalham a fim de trazer o pão para a casa, nos doentes, nas consagradas idosas que continuam a sorrir. Nesta constância de continuar a caminhar dia após dia, vejo a santidade da Igreja militante, esta é muitas vezes a santidade 'ao pé da porta', daqueles que vivem perto de nós, e são um reflexo da presença de Deus, ou por outras palavras, da 'classe média' da santidade".

O Senhor nos chama a todos, sem distinção, a sermos santos. Os santos são como o perfume, você percebe a sua presença, mas não se toca e muitas vezes não sabe de onde vem, porém inunda toda a casa. Como aconteceu em Betânia, quando Maria derramou o perfume na cabeça de Jesus, "toda a casa se encheu deste perfume", assim são os santos, emanam de si mesmos um perfume de Cristo, e uma atração empática toda especial.

---

### *AMORIS LAETITIA*, 98

*Na vida familiar, não pode reinar a lógica do domínio de uns sobre os outros, nem a competição para ver quem é mais inteligente ou poderoso, porque esta lógica acaba com o amor. Vale também para a família o seguinte conselho: "Revesti-vos todos de humildade no trato uns com os outros, porque Deus opõe-se aos soberbos, mas dá a sua graça aos humildes" (1Ped 5, 5).*

---

## 48

# LUÍS E ZÉLIAS EDUCAM JUNTOS

Gostaria de colocar em evidência um aspecto que a mim parece muito importante: a morte não faz morrer o amor, mas o faz crescer e nos estimula a caminhar, junto com as pessoas que morrem, com aquelas que continuam vivas. O que aconteceu com a morte de Zélia? O amor entre ela e Luís aumentou e continuou uma presença mais viva. Juntos continuaram a caminhar, a "dialogar" em forma diferente e juntos continuaram a formação das filhas. O Luís se torna o único primeiro responsável da família. É como o piloto de um avião. Encontra-se a tomar decisões que, em certo modo, vão influenciar a todos. Entre eles, que ainda estão aqui na terra, enfrentando as dificuldades, e com a intercessão de Zélia, conseguem viver em paz e em harmonia com todos. É nessa situação de viúvo, de pai, de aposentado, que pode dispor do seu tempo como melhor lhe agrada.

Não é difícil traçar o perfil de Luís Martin, e apresentá-lo como modelo a tantos pais, que sonham ver os filhos as filhas se realizarem materialmente e esquecem o aspecto espiritual. Certo, é um caso raro que todas escolham a vida religiosa, quatro Carmelitas Descalças e uma Visitandina. Quem semeou no coração dessas meninas o sentido, o desejo da vida consagrada? Sem dúvida, os pais. Eles mesmos que, na juventude, perceberam o chamado de Deus, mas não conseguiram realizá-lo, e Deus lhes concedeu como recompensa que as filhas seguissem Jesus mais de perto.

Luís se deixa guiar pelo Espírito Santo, aprova as decisões das filhas, as sustenta e as anima a não se preocupar-se com ele. O que deseja é que elas sejam felizes e realizadas.

Não encontramos na vida de Luís e nem de Zélia "fenômenos extraordinários", nem voos de êxtases, ou de dons particulares. É uma vida vivida na sobriedade, construída no trabalho, e na aprendizagem em lidar com as dores e os lutos, mas a ter sempre os olhos fixos em Deus, "único amor a quem devemos servir". É um leigo empenhado nas atividades comerciais e empenhado no trabalho da Igreja em favor dos pobres, ama a pátria, mas, sobretudo, ama a liberdade da Igreja no anúncio do Evangelho.

É um homem que crê na santidade construída na cotidianidade e não fazendo grandes coisas. É uma família que não se deixa esquentar a cabeça ao redor dos ídolos do dinheiro e da fama, mas vive na simplicidade e, com liberdade, sabe usar os bens para a família, para os outros e para si mesmos em peregrinações religiosas, e em férias de lazer.

---

### *AMORIS LAETITIA*, 100

*A pessoa que ama é capaz de dizer palavras de incentivo, que reconfortam, fortalecem, consolam, estimulam... Não são palavras que humilham, angustiam, irritam, desprezam. Na família, é preciso aprender esta linguagem amável de Jesus.*

---

## 49

# UMA VIAGEM TURÍSTICA E CULTURAL

Há um ano que a família Martin está vivendo nos *Buissonnets*.

Em Paris, se realiza uma exposição internacional. Luís aproveita para visitar essa exposição com as duas filhas maiores, Maria e Paulina. Nas cartas, Maria e Paulina contam com alegria o que viram, ficam deslumbradas com os monumentos da capital, parques, teatros, museus como o Louvre... e, vendo a felicidade das filhas, o pai decide prolongar as férias por mais uma semana.

As outras duas filhas, Celina e Teresa não são esquecidas no coração do pai, leva-as para pesca, para ver o mar... é uma família unida. Luís é um viajante nato, nos tempos livres gosta de sair de casa e viajar. Vai regularmente à *Alençon*, e visita a tumba da sua querida Zélia onde permanece em oração, também visita amigos e volta feliz para *Lisieux*. De vez em quando, vai à Paris por motivos de trabalho e também para saber como investir melhor o capital que tem para que possa render melhor, nesse aspecto, embora não seja apegado ao dinheiro, é muito atento para o bem das suas filhas... o encontramos novamente em Paris com Celina e Leônia em 1883, durante a Semana Santa, mas essa viagem será interrompida por causa da estranha doença da pequena Teresa. Como dirão os médicos... uma estranha doença, e será curada só com o sorriso da Virgem Maria.

Em 1885, o vigário da paróquia de *Saint-Jaques*, o Padre *Charles Marie*, desejoso de fazer uma viagem de dois meses em várias partes da Europa Oriental, convenceu Luís para que o acompanhasse. Nessa viagem foram apenas os dois, mas temos algumas cartas dele para as filhas em que manifesta o seu amor e a sua preocupação.

## Carta 221 – partida para uma grande viagem

Paris, 02/08/1885

*Queridas filhas,*

*Sois muito amáveis por me terdes deixado dar esta pequena escapada e vos serei grato por isso durante toda a minha vida. De resto, se a distân-*

*cia nos separa um pouco, meu coração está perto de vós. Portanto, não vos inquieteis e não fiqueis tristes, minhas filhas.*

*Se, no entanto, sentirdes muita saudade, escreve-me francamente, minha Maria, e dirige tua carta a Munich - Baviera, deixarei de sobreaviso o bom Padre Marie.*

*Mando-te uma dúzia de conchas de ouro, darás duas a Celina e duas à minha Rainhazinha, dando um beijo bem forte nas duas bochechas. E tu, minha grande, consola-te e, ainda uma vez, garanto-te que não te arrependerás por ter me deixado partir; por isso abraço-te, assim como a minha Leônia, bem forte, bem forte.*

*Não esqueças de entregar as oito conchas de ouro à minha "Pérola fina" do Carmelo.*

*Todo vosso no Senhor.*

*P.S. Muitas amáveis lembranças a teu tio, a tua tia e a tuas primas. Apresso-me, pois preciso estar na estação às nove horas, e não tenho muito tempo.*

*Mil abraços a todo mundo.*

*(Vosso pai que vos ama)*

## Carta 222

*Munich, quinta-feira, 27/08/1885*

*Minha Maria, minha grande,*

*Não quero partir de Munich sem ter te dado sinal de vida.*

*Já visitamos muitas belas cidades. Ontem, subimos a Bavaria, era muito curioso; imagina uma estátua em bronze, muito alta e de tal dimensão que se pode facilmente sentar em seu nariz. Vimos também os museus, que são muito bonitos.*

*Devorei tua carta, que tenho sob os olhos, e agradeço a Deus por ter me dado tão boas filhas. Fizeste bem em não mostrar tua carta a teu tio, pois creio que o bom Padre Marie está contente que eu tenha vindo com ele. Nós nos entendemos bem, ele é muito amável e me agrada muito.*

*Vês, pela carta que te envio, que não escolhemos o menor hotel, por isso acredito que isso vai nos custar mais caro dessa vez. Enfim, à guerra como para a guerra!*

*Agradece a Sra. Maria de Gonzaga de minha parte e diz a meu "Paulininho" que penso mui-*

*to nela. Diz a mesma coisa a Leônia, a Celina e a Teresa.*

*Preciso terminar agora para juntar-me a meu companheiro. Posso garantir que gostaria de ter todas as cinco comigo; sem vós, falta-me a maior parte de minha felicidade. Esperando, continuai a rezar por nós.*

*Teu pai, que ama ainda mais sua grande, desde que ele está longe, e a beija muitas vezes, e também às suas outras quatro da mesma ninhada.*

*Sobretudo, não te preocupes.*

*O pai não esquece nenhuma das filhas e as recorda uma a uma com ternura paterna-materna.*

## Trechos da Carta 225

*Constantinopla, 11/09/1885*

*Pobre grande,*

*Vejo que te atormentas muito por mim, por isso te direi, como em minhas outras cartas, que não poderia estar melhor.*

*Tua bondosa e desejada missiva me foi entregue por um padre lazarista quando estávamos no barquinho de desembarque.*

*Penso muito em todas vós e, ultimamente, tive um belo sonho no qual te via tão bem que parecia realidade. Se pudesse vos fazer sentir tudo o que eu sinto ao admirar as grandes e belas coisas que se apresentam diante de mim! Meu Deus, como vossas obras são admiráveis!*

*Dizes-me que a bondosa Madre Maria de Gonzaga e todo o Carmelo me crivam de orações; quero, em troca, que as bombardeies de minha parte com grandes caixas de bagre. Peço-te que me representes junto a elas da melhor forma que puderes.*

*Mil coisas amáveis à minha querida perolazinha, que tão bem aplainou todos os entraves de minha viagem; diz-lhe que a amo ainda mais, se é que isso é possível.*

*Diz à minha boa Leônia, que fez o que pôde para te acalmar e te convencer a deixar-me partir, que gostaria de saber o que ela gostaria como lembrança de Roma.*

*Diz ainda à minha Celina, "a corajosa", à minha "Rainha de França e Navarra", que elas me falem também o que as agradaria.*

*Eu te disse, em minha última carta, que seria mais fácil ter notícias vossas em Nápoles; espero que, permanecendo ainda alguns dias em Constantinopla, terias tempo de me escrever para que eu as receba aqui.*

*Tranquiliza teu tio a respeito do cofre, não há nada a temer, ninguém sabe onde ele está colocado. Por essa razão, somente fecha a porta do armário e fica com a chave. E, com a graça de Deus, tudo irá bem.*

*Não me dizes se recebeste a lembrancinha que te enviei de Viena.*

*Ainda uma vez, vejo tantas belas coisas que seria capaz de exclamar: É demais, Senhor, vós sois muito bom para mim!*

*Eu te abraço, minha querida Maria, minha Paulina, minha Leônia, minha Celina e minha Teresa.*

*Vês que fiz questão de dar-te prazer, pois chegamos de manhã e já estou te respondendo; dá-me também o mais doce dos prazeres possíveis me escrevendo.*

*Teu pai, que ama tanto sua filha mais velha.*

## Trechos Carta 226

*Constantinopla, 16/09/1885*

*Querida Maria,*

*Agora, minha primeira, minha grande, meu diamante, falemos um pouco sobre nossos pequenos negócios. Vejo, relendo tua última carta, que estás conduzindo as coisas melhor que quando estou aí; continua assim e me farás feliz. Pobre grande, pena que não posso ter-te junto a mim durante minha bela viagem!...*

*Diz a meu "Paulininho" que penso muito nela também e agradeço ao bom Deus por ter-lhe dado uma tão alta vocação. Agradece-lhe por mim por sua bondosa carta e não esqueças mais de apresentar minha humilde saudação à Madre Maria de Gonzaga.*

*Esperamos estar em Atenas domingo e, de lá, iremos a Nápoles. Somente então espero ir buscar notícias de todas vós.*

*Abraça bem forte, bem forte, por mim a minha Leônia, minha Celina, minha Rainha; a minha bela perolazinha, infelizmente, é impossível através de suas grades.*

*Teu pai que te ama.*

*P.S. Fizeste bem em dar peras; dá, dá sempre e faz os outros felizes.*

Sem falar da grande viagem de peregrinação a Roma para o jubileu do Papa Leão XIII, ele viajará esta vez com Celina e Teresa. A mesma Teresa em "História de Uma Alma" conta todas as peripécias e como ela, com quinze anos pediu ao Papa a graça de entrar no Carmelo...

---

### *FAMILIARIS CONSORTIO*, 28

*(...) A fecundidade do amor conjugal não se restringe somente à procriação dos filhos, mesmo que entendida na dimensão especificamente humana: alarga-se e enriquece-se com todos aqueles frutos da vida moral, espiritual e sobrenatural que o pai e a mãe são chamados a doar aos filhos e, através dos filhos, à Igreja e ao mundo.*

---

## 50

# TERESA: REPÓRTER DE VIAGEM

O melhor relato da viagem à Itália de Luís, Celina e Teresa o encontramos na "História de Uma Alma". Ela mesma vai nos contar as alegrias, as surpresas, e os dissabores dessa viagem. Teresa, nessa viagem, tem só uma finalidade, pedir ao Papa a permissão para entrar no Carmelo com apenas 15 anos, e o conseguirá apesar das resistências do tio Isidoro, pois terá a plena aprovação do pai. Será na Itália que Teresa irá descobrir também a sua vocação de "rezar pelos pecadores e pelos sacerdotes" uma missão a qual será fiel. Conta-nos também como Santa Maria das Vitórias a ama, e que como na igreja das carmelitas descalças em todos os lados há cartazes que proíbem as mulheres entrar, tudo é clausura, fica impressionada com tantas proibições...

*"Vou, querida Madre, relatar minha viagem com alguns pormenores.*

*A romaria saiu de Paris em 7 de novembro, mas papai nos levou a essa cidade alguns dias antes para que pudéssemos visitá-la.*

*Papai estava alegre; quando o trem se pôs a andar, cantou este velho refrão: "Corre, corre, diligência minha; eis-nos na estrada real".*

*Nosso pobre paizinho cansou-se muito a fim de nos agradar; mas logo tínhamos visto todas as maravilhas da capital. A mim, só uma encantou, foi "Nossa Senhora das Vitórias". Ah! o que senti a seus pés é indescritível...*

*Depois de nos consagrarmos ao Sagrado Coração, na basílica de Montmartre, saímos de Paris na segunda-feira, dia 7, pela manhã; logo conhecemos pessoas da romaria. Creio que éramos queridos* [57v] *de todos, e papai parecia orgulhoso das suas duas filhas. Mas, se ele estava satisfeito conosco, também estávamos com ele, pois no grupo todo não havia senhor mais bonito e mais distinto que meu Rei querido.*

*Antes de chegar a essa cidade eterna, meta da nossa viagem, foi-nos dado contemplar muitas maravilhas. Primeiro, foi a Suíça, com montanhas cujos cumes se perdem nas nuvens.*

*Após ter admirado o poder de Deus, pude ainda admirar o poder que deu às suas criaturas. A primeira cidade da Itália que visitamos foi Milão. Sua catedral, inteiramente de mármore branco, com estátuas numerosas para formar um povo incontável, [58v] foi examinada por nós em seus mínimos detalhes.*

*Em Veneza, o cenário muda completamente. Em vez do ruído das grandes cidades, só se ouvem, no meio do silêncio, os gritos dos gondoleiros e o murmúrio da onda agitada pelos remos. Veneza não é desprovida de encantos, mas acho essa cidade triste.*

*Depois de Veneza, fomos a Pádua, onde veneramos a língua de Santo Antônio, e a Bolonha, onde vimos Santa Catarina.*

*Foi com alegria que rumei para Loreto. Ah! minha emoção foi profunda ao me ver sob o mesmo teto que a Sagrada Família.*

*É de Roma, agora, que me resta falar, Roma, meta [60v] da nossa viagem, lá onde acreditava encontrar o consolo, mas onde encontrei a cruz!...*

*Não falarei dos lugares que visitamos, são muitos os livros que os descrevem nos pormenores, falarei apenas das principais impressões que tive. Uma das mais agradáveis foi a que me fez estremecer, a vista do Coliseu. Estava vendo, enfim, essa arena onde tantos mártires tinham derramado o sangue por Jesus.*

*As catacumbas... antigo túmulo de Santa Cecília... visita à igreja Santa Inês...*

*Seis dias se foram em visitas às principais maravilhas de Roma e, no sétimo, vi a maior de todas: "Leão XIII...".*

*Domingo, 20 de novembro, depois de nos vestir segundo o cerimonial do Vaticano (isto é, de preto, com uma mantilha de renda na cabeça), e ter-nos enfeitado com uma grande medalha de Leão XIII amarrada com fita azul e branca, fizemos nossa entrada no Vaticano, na capela do Soberano Pontífice.*

*Depois da missa de ação de graças que se seguiu à de Sua Santidade, a audiência começou.*

*Um instante depois, eu estava aos pés do Santo Padre. Levantando para o rosto dele meus olhos banhados em lágrimas, exclamei: "Santíssimo Padre, tenho um grande favor para pedir-vos!...". "Santíssimo Padre", disse, "em honra do vosso ju-*

*bileu, permita que eu entre no Carmelo aos 15 anos!...",* respondeu *o Santo Padre, olhando-me com bondade, "fazei o que os superiores vos disserem".*

*Como sinal de benevolência, o Soberano Pontífice pôs a mão sobre a cabeça venerável do meu Rei querido, parecendo marcá-la com um selo misterioso, em nome Daquele de quem é o verdadeiro representante...*

*Ah! agora que esse Pai de quatro carmelitas está no Céu, não é mais a mão do pontífice que repousa sobre sua fronte, profetizando-lhe [64f] o martírio...é a mão do Esposo das Virgens, do Rei de Glória, que faz resplandecer a cabeça de seu Fiel Servo.*

*Meu papai querido ficou muito triste ao me encontrar chorando à saída da audiência, fez tudo o que pôde para me consolar.*

*Alguns dias após a audiência com o Santo Padre, papai foi visitar o bom irmão Simião e lá encontrou o Padre Révérony, que se mostrou muito amável. Papai censurou-o, brincando, por não me ter ajudado no meu difícil empreendimento.*

*No dia seguinte ao dia memorável, tivemos de partir cedo para Nápoles e Pompéia.*

*... Na pequena cidade de Assis, após ter visitado os lugares perfumados pelas virtudes de São Francisco e de Santa Clara, terminamos pelo mosteiro de Santa Inês, irmã de Santa Clara.*

*Em Florença, fiquei feliz em contemplar Santa Madalena de Pazzi no meio do coro das carmelitas, que abriram a grande grade para nós.*

*Na igreja de Santa Cruz de Jerusalém (em Roma), foi-me possível, ao venerar a preciosa relíquia, enfiar meu dedinho num dos orifícios [66v] do relicário e tocar o cravo que fora banhado com o Sangue de Jesus... francamente, era audaciosa demais!...*

*Ainda não consegui entender por que as mulheres são tão facilmente excomungadas na Itália. A cada instante, diziam-nos: "Não entrem aqui... Não entrem aí, seriam excomungadas!..." Ah! pobres mulheres, como são desprezadas!... Todavia, são muito mais numerosas em amar a Deus e, durante a Paixão de Nosso Senhor.*

*Depois de ter visitado Pisa e Gênova, voltamos à França. (MA 66f)*

## *AMORIS LAETITIA*, 104

*O Evangelho convida a olhar primeiro a trave na própria vista (cf. Mt 7, 5), e nós, cristãos, não podemos ignorar o convite constante da Palavra de Deus para não se alimentar a ira: "Não te deixes vencer pelo mal" (Rm 12, 21); "não nos cansemos de fazer o bem" (Gal 6, 9)... Se tivermos de lutar contra um mal, façamo-lo; mas sempre digamos "não" à violência interior.*

## 51

# VOANDO PARA O CARMELO

De onde vem para todas as filhas Martin o desejo pela clausura, de se consagrar, totalmente, ao Senhor através da vida religiosa? São perguntas que ficam sem respostas. Pessoalmente penso que o desejo dos pais de serem religiosos tenha influenciado na escolha vocacional, mas antes de tudo a vocação é um ato do amor da iniciativa de Deus que chama e o ser humano, em plena liberdade, responde com o seu sim. É o encontro maravilhoso de duas liberdades a de Deus que chama e a do ser humano que responde. O pai Luís não se opõe a escolha vocacional das filhas, não olha os seus próprios interesses, e nem seu egoísmo, e Deus será tão misericordioso com ele que duas filhas Celina e Leônia entraram na vida religiosa depois da sua morte.

Se quando Luís habitava em *Alençon* levava o peixe por ele pescado ao mosteiro das Clarissas, é normal que agora leve o seu peixe ao mosteiro das Carmelitas descalças, que tem aí, próximo a ele. Um mosteiro pobre, mas com uma vida religiosa de qualidade, embora tenham as dificuldades inerentes a todo grupo humano. A Priora, Madre Gonzaga, acolhe com amor e delicadeza as visitas do Sr. Martin. A família Martin podemos defini-la como um "pequeno mosteiro familiar" em que Deus está no centro e onde se vive uma vida cristã cheia de amor.

Todas as vocações, fundamentalmente, ficam em um mosteiro que se compreende só vivendo e acolhendo a realidade da vida com amor, pois sem amor tudo é vazio e perde o seu sentido, seja a vocação matrimonial seja a vocação religiosa.

1882 - Paulina, a "pérola fina ou preciosa" será a primeira a entrar para o Carmelo. O Pai sente profundamente essa separação, mas apoia, totalmente, com a oração essa decisão.

No Carmelo, receberá o nome de irmã Inês de Jesus e será aquela que irá instruir a grande pequena Teresa e a convidará a escrever a "história da família" e o resultado será a "História de Uma

Alma". Mas por que Paulina escolheu o Carmelo? Ela mesmo nos diz que, um dia, estando em oração sentiu um forte chamado para o Carmelo... o pai sente a separação, mas oferece com alegria a sua filha para ser um hino de louvor e de glória para Deus e a Virgem Maria do monte Carmelo.

Paulina entrará no Carmelo no dia 2 de outubro de 1882.

Em 1886 será Maria, a intrépida, que decide seguir o caminho de Paulina e entrará no Carmelo. É uma notícia que mesmo o Pai não esperava. Esperava sim, que a sua filha maior permanecesse ao seu lado e quem sabe sonhava que ela se casasse e lhe desse netos para amar... O pai reage com comoção às notícias, mas não se opõe a essa decisão, e reza para que Maria seja feliz. Entrará no Carmelo de *Lisieux*. É uma separação que tem um forte impacto no coração do pai Luís, mas ele reage sempre com os olhos fixos em Deus, derrama algumas lágrimas, e dá sua benção a filha que entrará no Carmelo no dia 15 de outubro, festa de Santa Teresa d'Ávila. Antes de entrar vai até *Alençon* para rezar no tumulo da mãe Zélia, e para pedir que do Céu lhe dê sua benção.

Em 1886, Leônia, a Lourinha, ou a boa Leônia, faz a primeira tentativa de entrar para as Clarissas de *Alençon*, e será para ela e para o pai uma desilusão constante, por quê? Leônia tomou essa decisão sem refletir e sem a licença do pai, durante a visita que Maria fez a *Alençon* para rezar no tumulo da mãe. O pai Luís ficou muito triste por essa decisão, não porque fosse contrário à vida religiosa, mas porque via em Leônia uma imaturidade psicológica e afetiva. A experiência de Leônia entre as Clarissas não tem sucesso e no dia 1º de dezembro sai e volta para casa, e o pai abre os braços para ela com amor e sem repreensões... depois de várias tentativas e só depois da morte de seu pai, Leônia consegue entrar pela última vez no mosteiro das Visitandinas e então ficar. Ela mesma atribuirá essa sua permanência no mosteiro à intercessão da sua irmã Santa Teresinha do Menino Jesus. Atualmente há o processo de canonização da Leônia.

A "ovelhinha difícil" da família Martin, mas muito amada por Deus, entrará, definitivamente, no mosteiro das Visitandinas em 29 de janeiro de 1899, dois anos depois da morte de Santa Teresinha.

*"Nunca me esquecerei da bondade e do embaraço desse pobre paizinho quando veio anunciar-nos que Leônia já vestia o hábito das Clarissas... Como nós, achava isso muito engraçado, mas não queria dizer nada, vendo quanto Maria estava descontente." (MA 43v)*

## *AMORIS LAETITIA*, 105

*Se permitirmos a entrada dum mau sentimento no nosso íntimo, damos lugar ao ressentimento que se aninha no coração. A frase logízetai to kakón significa que se "tem em conta o mal", "trá-lo gravado", ou seja, está ressentido. O contrário disto é o perdão; perdão fundado numa atitude positiva que procura compreender a fraqueza alheia e encontrar desculpas para a outra pessoa, como Jesus que diz: "Perdoa-lhes, Pai, porque não sabem o que fazem" (Lc 23, 34).*

## 52

# ANO DE 1888

É nove de abril quando a princesinha do Rei da França e de Navarra entra para o Carmelo de *Lisieux*. O pai quem sabe se lembra do velho Jacó que vê partir o seu filho mais amado Benjamin, e o deixa partir como o coração despedaçado. Todas as filhas ocupam um lugar privilegiado no coração de papai Luís, mas Teresinha ocupa um lugar especial. É um longo e sofrido caminho antes que ela possa realizar o seu sonho de entrar para o Carmelo "não para estar com suas irmãs, mas só por amor a Jesus" não para deixar o seu rei sozinho e sofrido, mas só para "agradar a Jesus".

Será o pai que acompanhará sua princesa até *Bayeux* para conversar com o Bispo. É ele que viaja com Celina e Teresinha na grande viagem na Itália, é ele que lhe dará todo o apoio para seguir sua vocação. Teresa tem sofrido quando Paulina e Maria entraram no Carmelo, e ela mesma caiu numa terrível depressão da qual saiu só em 13 de maio com o sorriso da Virgem Maria. Livre da depressão deverá passar por dificuldades especialmente eliminar seu caráter frágil e... ditatorial.

Seria tentado de escrever longamente sobre Teresa, mas não posso fazê-lo, pois não é ela a protagonista do livro, o centro da minha atenção, mas sim o casal Martin. Teresa, tem 4 anos quando morre a mãe e se lança nos braços de Paulina e a escolhe como mãe, e quando Paulina entra no Carmelo se lança nos braços de Maria, e a escolhe como mãe, e vai ficando órfã... mas, lhe resta como centro do seu amor, e como pai e mãe, o seu Rei, o papa Luís.

Teresa cresce entre uma orfandade e outra, o seu caráter ressente muito. Podemos notar nela algumas feridas. Sente uma necessidade impressionante de ser "o centro de atenções" e sabe como atrair os olhos de todos sobre ela. Será necessária uma verdadeira conversão que acontecerá na noite de Natal de 1886... quando Teresa decide "não ser mais uma menininha..." ficará sempre criança, mas no espírito e aí naquela noite nasce a pequena via da santidade, do caminho espiritual, o pleno abandono em Deus.

Em nove de abril de 1888, depois de vários adiamentos, Teresa realiza o seu sonho, acompanhada pelo pai e pelas irmãs, entra definitivamente no Carmelo de *Lisieux*, coroando a sua busca e o seu mais profundo desejo de dar-se totalmente a Deus.

Teresa se prepara espiritualmente para anunciar ao seu "Rei" a sua decisão de ser carmelita, escolhe um dia particular, o dia de Pentecostes de 1887, quando ele está sozinho nos seu Belvedere, ninguém pode contar tudo isso melhor que Teresa:

*Escolhi o dia de Pentecostes para fazer a minha grande confidência e, o dia todo, supliquei aos Santos Apóstolos que intercedessem por mim, que me inspirassem as palavras... Não eram eles, afinal, que deviam ajudar a criança tímida que Deus destinava a se tornar o apóstolo dos apóstolos pela oração e pelo sacrifício?... Foi de tarde, na volta das Vésperas, que encontrei a ocasião para falar com meu paizinho querido. Tinha ido sentar-se à beira da cisterna e ali, de mãos juntas, contemplava as maravilhas da natureza. O sol, cujo fogo tinha perdido o ardor, dourava a copa das altas árvores onde os passarinhos cantavam alegremente sua oração vesperal. A bela figura de papai tinha expressão celeste, sentia que a paz inundava seu coração.*

*Sem dizer uma única palavra, fui sentar-me a seu lado, já com os olhos lacrimejantes, ele olhou-me com ternura e, pegando minha cabeça, encostou-a no seu peito dizendo: "Que tens, minha rainhazinha?... me conte...". Levantando-se, como para dissimular sua própria emoção, andou lentamente, segurando sempre minha cabeça no seu peito. Em meio às minhas lágrimas, confidenciei meu desejo de ingressar no Carmelo. Então, as lágrimas dele vieram misturar-se às minhas, mas não disse uma palavra para desviar-me da minha vocação, contentando-se apenas em observar que eu era ainda muito nova para tomar uma decisão tão séria. Defendi tão bem minha causa que, com sua natureza simples e reta, convenceu-se de que meu desejo era o de Deus e, na sua fé profunda, exclamou que Deus lhe fazia uma grande honra pedindo-lhe assim suas filhas.*

*Continuamos por longo tempo o nosso passeio. Aliviado pela bondade com a qual meu incomparável pai tinha acolhido as confidências,* [50v] *meu coração expandia-se no dele. Papai parecia gozar dessa alegria tranquila nascida do sacrifí-*

*cio aceito. Falou-me como um santo e gostaria de lembrar-me das palavras dele a fim de escrevê-las aqui, mas conservei-as tão sublimadas que se tornaram intraduzíveis. O que recordo perfeitamente é da ação simbólica que meu rei querido cumpriu sem o perceber. Aproximando-se de um muro baixo, mostrou-me florzinhas brancas semelhantes a lírios em miniatura e, colhendo uma dessas flores, entregou-a a mim, explicando o cuidado com que Deus a fizera e a conservara até aquele momento; ouvindo--o falar, pensava ouvir a minha história, tal era a semelhança entre o que Jesus fizera a sua florzinha e a Teresinha... Recebi essa florzinha como uma relíquia e vi que, ao colhê-la, papai arrancara as raízes todas sem quebrar uma. Parecia destinada a viver ainda, numa outra terra, mais fértil que o tenro limo onde vivera suas primeiras manhãs... Era essa mesma ação que papai acabava de fazer para mim alguns instantes antes, permitindo-me subir a montanha do Carmelo e deixar o manso vale testemunho dos meus primeiros passos na vida. (MA 49f)*

Papai Luís será o verdadeiro diretor espiritual da rainhazinha que busca o seu Rei Jesus para celebrar o matrimônio espiritual. Tenta satisfazê-

-la em tudo, e a acompanha para onde ela quer ir e defende a sua entrada no Carmelo, o seu coração de pai sangra, mas a sua fé de cristão exulta de alegria em ver que o tesouro de sua vida escolhe Jesus segundo as mesmas palavras Dele "quem ama pai e mãe mais do que a mim não é digno de mim" (Mateus 10, 37).

Em uma das últimas cartas Luís escreve:

*"Teresa, a minha rainhazinha, entrou ontem no Carmelo. Só Deus pode exigir tal sacrifício. Não tenhais pena de mim, porque o meu coração trasborda de alegria.*

*- Quem vos ama.*

*Luís Martin."*

---

### *FAMILIARIS CONSORTIO*, 36

*O dever de educar mergulha as raízes na vocação primordial dos cônjuges à participação na obra criadora de Deus: gerando no amor e por amor uma nova pessoa, que traz em si a vocação ao crescimento e ao desenvolvimento, os pais assumem por isso mesmo o dever de ajudar eficazmente a viver uma vida plenamente humana.*

———————

## 53

# QUINZE DE JUNHO DE 1888

A dor do coração de Luís Martin ainda não está totalmente cicatrizada pela entrada de Teresa no Carmelo. A tristeza continua ao ver a sua Leônia que entra e sai do convento das Visitandinas. Agora Celina anuncia ao pai que ela também tem intenção de entrar no Carmelo.

Um anúncio que pega, em certo sentido, Luís de surpresa, ela parecia que tinha colocado de lado a intenção de ser religiosa de vida ativa e não de vida contemplativa.

A mesma Celina nos conta com poucas palavras, mas significativas, as reações do pai quando ela lhe comunica este seu desejo.

*"Tinha terminado de pintar e estava mostrando ao pai. Ele se encontrava no seu belvedere sentado e parecia mergulhado meditando. Olhou com satisfação o meu quadro, e me ofereceu a possiblidade de ir a Paris para poder continuar aulas de pintura.*

*Respondi que preferia abandonar esta arte, para não sujar minha alma, porque tinha oferecido o meu coração a Jesus e queria mantê-lo puro.*

*Papai chorou de alegria e comoção e me disse: 'vem vamos diante do Santíssimo Sacramento agradecer o Senhor pela graça que concedeu à nossa família e da honra que me dá de escolher esposas na minha casa. Sim o Senhor me faz uma grande honra pedindo-me minhas filhas. Se tivesse algo melhor estaria disposto a oferecê-lo a Deus'."*

A saúde física e psicológica do velho patriarca Martin ressentiu muito dessa situação de abandono por parte das filhas que uma a uma escolhem a vida religiosa, embora Celina e Leônia permanecessem até o fim ao lado do pai, e só depois da sua morte entraram no mosteiro.

---

### *AMORIS LAETITIA*, 107

*Hoje sabemos que, para se poder perdoar, precisamos de passar pela experiência libertadora de nos compreendermos e perdoarmos a nós mesmos.*

---

## 54

# LUÍS "FOGE DE CASA"

Vimos que a saúde de Luís Martin é frágil desde sua juventude e quando ele tentou estudar latim para entrar no Mosteiro de São Bernardo teve uma não tão leve depressão, muitas responsabilidades, e preocupações não o ajudam, a morte da esposa, o cuidado das filhas pequeninas, e ver que a uma a uma toma decisões de se consagrar a Deus, não abalam a sua fé, mas a saúde. E Teresa do Menino Jesus teve uma visão premonitória de tudo isso quando lhe pareceu ver o pai passar por detrás das janelas envelhecido e doente, e o pai estava viajando...

*"Um dia, porém, Deus mostrou-me, numa visão verdadeiramente extraordinária, a imagem viva da provação que Ele estava preparando para nós, seu cálice já enchia. Papai estava viajando há vários dias e ainda faltavam dois para seu regresso [20f]. Era duas ou três horas da tarde, o sol brilha-*

*va e a natureza parecia em festa. Eu estava sozinha na janela de uma água-furtada que dava para o grande jardim; olhava diante de mim, a mente ocupada por pensamentos alegres, quando avistei frente à lavanderia que se encontrava logo adiante um homem vestido exatamente como papai, mesma estatura e mesmo modo de andar, apenas muito mais curvado..." (MA 20f)*

É o dia 15 de junho de 1888. Passaram apenas 3 meses que Teresa entrara no mosteiro de *Lisieux* onde já está Paulina e Maria. Leônia e Celina, as duas em casa já sonham com a vida consagrada, quando aparecem os primeiros sintomas da arteriosclerose cerebral.

No dia 23 de junho, Luís Martin, sem avisar ninguém, foge de casa, ou melhor, se afasta da casa dos *Buissonnets*, desse momento em diante precisará sempre mais de assistência. O calvário se faz mais doloroso, mas o seu espírito e sua fé amadurecem, e ele tem um único desejo no seu coração - servir a Deus e ver todas as suas filhas felizes.

## *AMORIS LAETITIA*, 113

*Os esposos, que se amam e se pertencem, falam bem um do outro, procuram mostrar mais o lado bom do cônjuge do que as suas fraquezas e erros. Em todo o caso, guardam silêncio para não danificar a sua imagem.*

## 55

# SUBINDO O CALVÁRIO

Com profundo silêncio interior vamos acompanhando a subida do calvário deste homem santo, profundo cristão, que na sua vida toda deu exemplo de fidelidade a Deus e que nunca se afastou dos ensinamentos do Evangelho. Foi barro dócil nas mãos do Oleiro Divino, se deixou plasmar e ofereceu a si mesmo e a sua família como holocausto de suave perfume. Uma vida tecida de oração, de obra de misericórdia, corporais e espirituais. Os seus olhos mesmo nas noites buscaram sempre o rosto luminoso de Deus. Aceitou os sofrimentos como um autêntico servo sofredor de Javé.

---

***FAMILIARIS CONSORTIO*, 36**

*(...) A família é, portanto, a primeira escola das virtudes sociais de que as sociedades têm necessidade.*

---

## 56

# UM LINDO PÔR DO SOL E UM LINDO AMANHECER

E o dia 10 de janeiro de 1889 até que enfim foi marcado o dia da vestição de Teresa, várias vezes foi adiado por vários motivos, mas agora a data está certa.

No pôr do sol da vida de Luís Martin aparece um amanhecer que é a vestição religiosa de Teresa, a Rainha, e o Rei não pode faltar. Embora as ameaças da saúde tudo se desenrola tranquilamente, assiste a toda a cerimônia com plena lucidez e manifesta uma grande alegria no encontro com a outras filhas já carmelitas. Recupera a sua qualidade de empreendedor, compra a casa vizinha e compra os mesmos *Buissonnets* que tinha alugado para garantir às filhas um futuro sereno e sem preocupações materiais.

É um bem-estar passageiro. A insegurança, os esquecimentos, as ideias de abandonar tudo e retirar-se em qualquer lugar como eremita se faz cada vez mais forte no seu equilíbrio já fragilizado. Em certos momentos está tranquilo, meio adormecido, em outros momentos grita e se agita. A cruz é pesada, mas com Jesus se faz leve. Toda a família sente-se fortalecida pela fé e pela oração de todo o Carmelo.

A doença avança, os distúrbios mentais e psicológicos são cada vez mais perturbadores. A mesma Celina nos relata, que ele se agita, grita, e se vê diante de um exército, batalhas, canhões e toma o seu revólver com ar ameaçador, diz que quer salvar-nos de tantos perigos. O tio Isidoro se preocupa e teme até pela mesma vida de Celina, Leônia e a ajudante. Com ajuda de amigos conseguem desarmá-lo. O médico decide a sua internação no hospital do Bom Salvador em *Caen*.

É convencido, quando lhe dizem que vão fazer um passeio. Passam rapidamente no Carmelo, só Paulina o verá, ele entrega alguns peixes e parte de novo para *Caen*, onde será confiado aos cuidados da irmã *Adelaide Costard* que é responsável por uma ala dos doentes. Aí ele ficará por mais de três anos. Uma semana depois da internação Celina e Leônia vão visitá-lo e se hospedam na casa das irmãs de São Vicente de Paulo, querem ficar perto do pai, mesmo que seja permitido vê-lo só uma vez por semana.

Quem diria que a família Martin tão unida nesse momento se encontra numa situação de dispersão total não por falta de amor, mas pelo muito amor a Deus. A mãe ter morrido, Maria, Paulina e Teresa, monjas no Carmelo de *Lisieux*, o Pai internado num hospício para loucos, Leônia e Celina sozinhas, com os corações destroçados em ver o pai nessas condições. O tio Isidoro que se vê obrigado a gestar os negócios e a procurar como cuidar das suas sobrinhas.

E as más línguas costuram todas as hipóteses possíveis e dizem entre palavras e às vezes, claramente: a culpa desta situação toda é o egoísmo das filhas que em lugar de cuidar do pai, vão para o convento para viver em paz. Estas maledicências estão fora do mosteiro e também dentro do mosteiro. Há quem pense assim: as três carmelitas procuram manter a tranquilidade interior, mas vivem num sofrimento que só quem o tem passado pode compreendê-lo.

Luís, nos momentos de lucidez mental, se dá conta da sua situação e dizem que um dia confiou a um enfermeiro: *"eu que sempre fui acostumado a mandar, dar ordens, agora me encontro em obedecer, nunca fui humilhado na vida, e agora me encontro nesta total humilhação".*

No dia 18 de junho se vê necessário, para preservar o patrimônio, convencer Luís a assinar uma procuração para Isidoro de todos os seus bens. Neste dia, ele está totalmente lúcido e diz chorando "as minhas filhas me abandonaram".

---

### *FAMILIARIS CONSORTIO*, 37

*Os filhos devem crescer numa justa liberdade diante dos bens materiais, adoptando um estilo de vida simples e austero, convencidos de que "o homem vale mais pelo que é do que pelo que tem".*

---

## 57

# COMO ERA A VIDA NO HOSPITAL BOM SALVADOR?

Por meio dos registros do Hospital Bom Salvador podemos reconstruir a jornada dos doentes. Tinha um horário espartano, duro, difícil. Luís que sempre quis ser monge se adaptou com facilidade. O levantar era às 5h30, o almoço às 13h. Alguns podiam, se estivessem em condição, frequentar o espaço de trabalho. Todos eram convidados para participar da Santa Missa, e de outras orações. Quase imediatamente se cria ao seu redor um clima de simpatia e de afeto. É um verdadeiro Patriarca e com a sua barba branca se impõe naturalmente, seu olhar doce, sua palavra convencedora lhe dá autoridade moral entre os doentes que o respeitam.

O estado de saúde se alterna de momento de lucidez, momentos de assombramento, e outros momentos, embora raros, de forte agitação, de delírio mental. A mesma irmã Adelaide confessa que o senhor Martin é diferente dos outros doentes, ele emana uma serenidade, particular. Reza e ama ficar sozinho diante do Santíssimo Sacramento, mas essa autonomia não dura muito tempo. Torna-se cada vez mais dependente. Celina e Leônia o visitam quando possível, e do Carmelo sobem a Deus orações incessantes para o pai.

### *AMORIS LAETITIA*, 118

*É amor que apesar de tudo não desiste, mesmo que todo o contexto convide a outra coisa. Manifesta uma dose de heroísmo tenaz, de força contra qualquer corrente negativa, uma opção pelo bem que nada pode derrubar.*

# 58

# A HUMILHAÇÃO NOS IDENTIFICA COM CRISTO

Se queremos nos identificar com Cristo Jesus não podemos fugir do sofrimento, das noites escuras físicas como as doenças, das noites escuras mentais como as depressões, e das noites escuras da fé em que tudo nos parece inútil e que nos sentimos abandonados por Deus e pelos homens. O mesmo Jesus sentiu tudo isso em sua vida. Paulo falando de Jesus nos diz:

*"Se me é possível, pois, alguma consolação em Cristo, algum caridoso estímulo, alguma comunhão no Espírito, alguma ternura e compaixão,. completai a minha alegria, permanecendo unidos. Tende um mesmo amor, uma só alma e os mesmos pensamentos. Nada façais por espírito de partido ou vanglória, mas que a humildade vos ensine a considerar os outros superiores a vós mesmos. Cada qual tenha em vista não os seus próprios interesses,*

*e sim os dos outros. Dedicai-vos mutuamente a estima que se deve em Cristo Jesus. Sendo ele de condição divina, não se prevaleceu de sua igualdade com Deus, mas aniquilou-se a si mesmo, assumindo a condição de escravo e assemelhando-se aos homens. E, sendo exteriormente reconhecido como homem, humilhou-se ainda mais, tornando-se obediente até a morte, e morte de cruz. Por isso, Deus o exaltou soberanamente e lhe outorgou o nome que está acima de todos os nomes, para que ao nome de Jesus se dobre todo joelho no céu, na terra e nos infernos. E toda língua confesse, para a glória de Deus Pai, que Jesus Cristo é Senhor. Assim, meus caríssimos, vós que sempre fostes obedientes, trabalhai na vossa salvação com temor e tremor, não só como quando eu estava entre vós, mas muito mais agora na minha ausência."* (Filipenses 2, 1-12)

Chega um momento na vida que nos sentimos esvaziados de tudo, perdemos quase o direito a nossa liberdade, e não encontramos valor em nada. Esses momentos que são causa de tantos sofrimentos, se nós conseguirmos aceitá-los como dom de Deus que nos quer purificar para unirmos a Ele, são caminhos de santidade. Não devemos buscar o sofrimento, mas devemos saber aceitá-lo, quando o encontramos no nosso caminho. Num mundo e sociedade do poder, do ter, do prazer, em que não achamos Deus, falar de "humilhação" pode parecer ir contra a corrente do mundo, mas é próprio isto. A cruz jamais poderá ser compreendida pela inteligência humana. Luís Martin, que teve toda sua vida doada a Deus e aos outros se encontra no fim da vida de "mãos vazias" como diria mais tarde Teresa do Menino Jesus, porque não reservou nada para si mesmo, deu tudo e Deus lhe deu tudo até a sua cruz.

A doença mental não destrói a santidade, nem o bem que temos feito, mas purifica e nos torna mais resplandecentes. Deus, chamando-nos à santidade, não nos dá o atestado de saúde mental e física, nem de inteligência, mas sim o atestado do seu amor e pede o nosso amor.

Mas como se revela a santidade de Luís Martin no hospício Bom Salvador? São pequenos gestos que revelam que o seu coração está cheio de amor de Deus e do próximo. Sempre presente na vida de todos os seus colegas. Sabemos que são mais de 500 os internados nas várias repartições que vão dos mais tranquilos aos mais agitados. E a quem lhe diz que no Carmelo está acontecendo uma novena a São José pedindo sua cura e para que possa voltar a *Lisieux* ele diz "façam para que eu saiba fazer a vontade de Deus". Luís não guardava para si os doces e outras coisas que lhe traziam, mas sabe repartir com os outros doentes, não aceita ser tratado diferente dos outros.

Participa, por quanto lhe é possível, da Santa Missa, ama trabalhar e se ocupar em fazer o bem aos outros.

Fica feliz ao saber que Leônia e Celina se hospedam perto do hospital, mas não quer que se sacrifiquem, e diz "eu aqui estou muito bem. E quando terminar a minha missão de converter o mundo eu voltarei com as minhas fichas". O testemunho de irmã *Adelaide Costard* é simples, mas eloquente "este venerável senhor não faz outra coisa que proclamar a glória de Deus. É, verdadeiramente, maravilhoso, não só nunca se queixa, mas acha tudo excelente o que lhe oferecemos. Quando lhe oferecemos alguma coisa especial, não para de agradecer".

Deus purifica os nossos olhos e coração para que possamos contemplar melhor o Seu rosto.

*Bem-aventurados os puros de coração, porque verão a Deus.*

---

## *AMORIS LAETITIA*, 126

*No matrimônio, convém cuidar a alegria do amor... dizia São Tomás que se usa a palavra "alegria" para se referir à dilatação da amplitude do coração. A alegria matrimonial, que se pode viver mesmo no meio do sofrimento, implica aceitar que o matrimônio é uma combinação necessária de alegrias e fadigas, de tensões e repouso, de sofrimentos e libertações, de satisfações e buscas, de aborrecimentos e prazeres, sempre no caminho da amizade que impele os esposos a cuidarem um do outro: "prestam-se recíproca ajuda e serviço".*

---

## 59

## ADEUS... BUISSONNETS

Isidoro, o tio, não é um tipo fácil para se lidar, toma decisões e não volta atrás com facilidade. Ele tem agora todo o poder delegado sobre todos os bens móveis e imóveis do senhor Luís Martin. É honesto, mas não quer perder dinheiro à toa. Sabe que a saúde do patriarca Luís não melhorará e que ele não poderá voltar a viver nos *Buissonnets*. Que fazer com uma casa tão grande e dispendiosa? Ele pensa, se aconselha, e mesmo que todas a suas sobrinhas não concordem, decide vender os *Buissonnets*.

Assim se decide por comprar uma casa menor em *Lisieux*, e se faz a mudança. Parte das coisas vai para o Carmelo e outra parte para a nova casa. Celina não pode frear as lágrimas em ver tudo isto, e as irmãs sofrem porque vê ir-se embora o lugar cheio de tantas lembranças, de brincadeiras, de alegria e de algumas lágrimas também... Detrás dos carros, Tom, o cachorro amigo de toda a família... Tudo de agora em diante vai mudar. Uma nova casa para Celina e Leônia, as lembranças se perdem como névoa ao levantar do sol, e o laço da dor vai ser mais forte entre o pai e as filhas Martins.

## *FAMILIARIS CONSORTIO*, 39

*(...) Pela força do ministério da educação os pais, mediante o testemunho de vida, são os primeiros arautos do Evangelho junto dos filhos. Ainda mais: rezando com os filhos, dedicando-se com eles à leitura da Palavra de Deus e inserindo-os no íntimo do Corpo - eucarístico e eclesial - de Cristo mediante a iniciação cristã, tornam-se plenamente pais, progenitores não só da vida carnal, mas também daquela que, mediante a renovação do Espírito, brota da Cruz e da ressurreição de Cristo.*

## 60

# A SANTA FACE RESPLANDECE NA DOR

Não é por acaso que Teresa, na escolha do seu nome religioso, tomou "do Menino Jesus e da Santa Face". No seu coração tem um amor à Paixão de Jesus e como Ele, no caminho da cruz, para recompensar o gesto da Verônica, que enxuga o seu rosto, imprime na tolha a Sua face adorável. Essa Face cheia de dor e de sofrimento, muitas vezes Teresa deve ter meditado em sua oração e pensado também em seu Rei, tão feliz, e agora reduzido a "um nada", mas sempre digno do seu amor e inabalável na sua santidade.

Quem ama espera sempre que as coisas melhorem e que a vida retome o seu normal. Assim as filhas esperam que em breve o pai possa voltar a *Lisieux*, e a vida feliz da família volte com toda sua alegria. Por isso, no Carmelo e todos os amigos de Luís, mesmo Irmã Adelaide, fazem juntos uma novena à Santa Face de Jesus... Mas a volta é reenviada de volta em volta, até que se perde a esperança de ter o pai perto do Carmelo.

No mês de maio, organizado com tanto amor por Irmã Adelaide, Luís participa com fé e com amor. Ele ama muito a Virgem Maria, é a ela que recorreu tantas vezes nas doenças das filhas, e será a imagem de Nossa Senhora das Vitórias que, no dia 13 de maio, com seu sorriso, curará Teresa da inexplicável doença. E mais tarde se chamará a Virgem do Sorriso. É no dia 13 de maio que a Igreja celebra a festa de Nossa Senhora do Fátima, onde a Virgem pede aos três pastorzinhos orações e penitência para a conversão e salvação do mundo.

Luís recebe com imensa alegria a notícia que Teresa já é Irmã Teresa do Menino Jesus e da Santa Face, e se prepara para sua profissão, sua entrega total a Deus, para a salvação dos pecadores e para a santidade dos sacerdotes. E na Igreja será o amor.

Teresa do Menino Jesus é o que é, graças aos ensinamentos e ao exemplo dos pais Zélia e Luís. E eles são o que são também graças a Teresa que, com sua vida santa, agradeceu continuamente por seus pais, que ela mesma define "santos". Teresa voou nas asas do amor até ser reconhecida em 1997, Centenário de sua morte, pela Igreja Doutora da Igreja, Doutora da ciência e do amor.

---

### *AMORIS LAETITIA*, 133

*(...) Na família, "é necessário usar três palavras: com licença, obrigado, desculpa. Três palavras-chave". Quando numa família não somos invasores e pedimos "com licença", quando na família não somos egoístas e aprendemos a dizer "obrigado", e quando na família nos damos conta de que fizemos algo incorreto e pedimos "desculpa", nessa família existe paz e alegria.*

---

## 61

# O SONHO DE TERESA

A grande festa para a vida religiosa é a profissão. Um autêntico matrimônio, uma união esponsal entre Jesus e a alma. Hoje em dia temos perdido essa dimensão tão importante na vida espiritual, especialmente nos santos do Carmelo. Para sua profissão, Teresa, com o seu gênio criativo, ela mesma diz:

*"Brinquei de compor um convite para compará-lo ao dela. Eis como era:*

*Convite para o Casamento de irmã Teresa do Menino Jesus e da Sagrada Face.*

*Ó Deus Todo Poderoso, Criador do Céu e da Terra, Soberano Dominador do Mundo, e a Gloriosíssima Virgem Maria, Rainha da Corte celeste, querem vos anunciar o casamento do seu Augusto Filho Jesus, Rei dos Reis e Senhor dos Senhores, com a Senhorita Teresa Martin, agora Senhora Princesa dos reinos trazidos em dote pelo seu Divino Esposo, a saber: a Infância de Jesus e sua Paixão, sendo seus títulos: do Menino Jesus e da Sagrada Face.*

*Não podendo ter-vos convidado para a bênção nupcial que lhe foi dada sobre a montanha do Carmelo, em 8 de setembro de 1890 (só a corte celeste foi admitida), estais convidados, porém, a participar da festa que será dada amanhã, Dia da Eternidade, Dia em que Jesus, Filho de Deus, virá sobre as nuvens do Céu no esplendor da sua Majestade, a fim de julgar os Vivos e os Mortos.*

*Devido à incerteza da hora, sois convidados a permanecer de prontidão e aguardar".* (MA 77v)

A festa naquela época era chamada da velação de Teresa, cerimônia pela qual ela se torna a todos os efeitos Carmelita Descalça, está marcada para o dia 24 de setembro, e no dia 22 Celina traz os véus que serão usados para que o pai, patriarca e sacerdote da família, os abençoe. Tudo está preparado para que o pai participe desta festa. Mas o tio Isidoro se opõe. Teresa não consegue esconder essa sua desilusão e dor. O sonho de Teresa de ter a presença do pai em sua festa não só não se realiza, mas não é compreendido por ninguém, nem fora e nem dentro do mosteiro. Teresa confessa a sua fragilidade, sofre e chora. Também os santos sabem chorar, vendo-se como que abandonados nos seus sonhos e ideais.

---

## *AMORIS LAETITIA*, 138

*Desenvolver o hábito de dar real importância ao outro. Trata-se de dar valor à sua pessoa, reconhecer que tem direito de existir, pensar de maneira autônoma e ser feliz. É preciso nunca subestimar aquilo que diz ou reivindica, ainda que seja necessário exprimir o meu ponto de vista.*

---

## 62

# A VIDA CONTINUA

A dor, as dificuldades nos impedem por alguns momentos de continuar o nosso caminho, mas é preciso caminhar, realizar os projetos que Deus nos oferece e olhar o nosso futuro. Mesmo na vida das filhas de Luís Martin a vida não para. Ela vai continuando.

Assim, na família do tio Isidoro, no dia primeiro de outubro se realiza o matrimônio da Celina, a filha maior do casal com o jovem médico *Francis La Neele*. Eles mesmos ajudaram muito Leônia e Celina a visitar o Luís Martin. A esperança de ver o pai de novo em *Lisieux* se faz cada vez mais distante, mas não perdem a esperança e vivem em função do pai, tanto quem está perto dele fisicamente, como as que, desde o silêncio do Carmelo, velam com a oração e pedem a Deus força e coragem.

O sinal mais belo da família Martin é que são todos unidos no amor ao redor do pai. A dor, o sofrimento e a doença, se acolhidos com fé, possuem uma força unitiva única. Querem aliviar a dor do pai ajudando-se reciprocamente a ver nesta enfermidade um ato de amor de Deus, que no seu amor nos prova e nos une a si na paixão do seu filho Jesus. A nossa inteligência sem a fé não pode compreender isto.

---

***AMORIS LAETITIA*, 140**

*É preciso superar a fragilidade que nos leva a temer o outro como se fosse um "concorrente". É muito importante fundar a própria segurança em opções profundas, convicções e valores, e não no desejo de ganhar uma discussão ou no fato de nos darem razão.*

---

## 63

# A LOUCURA DA CRUZ

Podemos escrever livros e livros sobre a dor, a cruz, o sofrimento, a morte e no fim nos encontramos diante de um muro de ferro, com as nossas dúvidas. A nossa humanidade não pode compreender o mistério da dor. Só mergulhando-nos na paixão de Cristo se faz luz, e diante da cruz nos ajoelhamos e dizemos: salve cruz, nossa única esperança. O amor à cruz podemos só compreender na contemplação amorosa de Jesus crucificado, que doa a si mesmo por nós. Ou no apóstolo Paulo, quando ele mesmo fala desta loucura na 1Cor 17-31:

*Paulo, apóstolo de Jesus Cristo por chamado e vontade de Deus, e o irmão Sóstenes. Cristo não me enviou para batizar, mas para pregar o Evangelho; e isso sem recorrer à habilidade da arte oratória, para que não se desvirtue a cruz de Cristo. A linguagem da cruz é loucura para os que se perdem, mas, para os que foram salvos, para nós, é uma força divina. Está escrito: Destruirei a sabedoria dos sábios, e anularei a prudência dos prudentes (Is 29, 14). Onde está o sábio? Onde o erudito? Onde o argumentador deste mundo? Acaso não declarou Deus por loucura a sabedoria deste mundo? Já que o mundo, com a sua sabedoria, não reconheceu a Deus na sabedoria divina, aprouve a Deus salvar os que creem pela loucura de sua mensagem. Os judeus pedem milagres, os gregos reclamam a sabedoria; mas nós pregamos Cristo crucificado, escândalo para os judeus e loucura para os pagãos; mas, para os eleitos – quer judeus quer gregos –, força de Deus e sabedoria de Deus. Pois a loucura de Deus é mais sábia do que os homens, e a fraqueza de Deus é mais forte do que os homens. Vede, irmãos, o vosso grupo de eleitos: não há entre vós muitos sábios, humanamente falando, nem muitos poderosos, nem muitos nobres. O que é estulto no mundo, Deus o escolheu para confundir os sábios; e o que é fraco no mundo, Deus o escolheu para confundir os fortes; e o que é vil e desprezível no mundo, Deus o escolheu, como também aquelas coisas que nada são, para destruir as que são. Assim, nenhuma criatura se vangloriará diante de Deus. É por sua graça que estais em Jesus Cristo, que, da parte de Deus, se tornou para nós sabedoria, justiça, santificação e redenção, para que, como está escrito: quem se gloria, glorie-se no Senhor (Jr 9, 23).*

A ciência da cruz, de João da Cruz, não se experimenta e se conhece por meio da inteligência, mas sim por meio do amor. No caminho do casal Martin, e depois da morte da esposa, na vida de viuvez de Luís, a cruz está presente como um dom de Deus e é aceita com serenidade de espírito, como vontade de Deus na vida de cada dia. Seguir Jesus é segui-lo por onde ele quer e não por onde nós queremos. Na vida do casal Martin, podemos perceber como eles se deixaram guiar por Deus, o Bom Pastor.

*O Senhor é meu pastor, nada me faltará. Em verdes prados ele me faz repousar. Conduz-me junto às águas refrescantes, restaura as forças de minha alma. Pelos caminhos retos ele me leva, por amor do seu nome. Ainda que eu atravesse o vale escuro, nada temerei, pois estais comigo. Vosso bordão e vosso báculo são o meu amparo. (Sl 22, 1-4)*

Os referidos médicos do hospital Bom Salvador confirmam a doença do senhor Luís Martin, paralisia nas pernas, que é irreversível, e a demência senil, que não para de avançar. Mas, dão o sinal verde para que ele possa retornar a *Lisieux* e ser assistido em família. Encontram um recém-convertido do judaísmo, que todos chamam de *Desiré*, o judeu, uma pessoa dedicada, que estará ao lado de Luís dia e noite. As filhas Leônia e Celina preparam uma acolhida digna de um rei, que volta depois de uma longa viagem de três anos e meio. Os parentes *Guérin* ajudam em tudo com dedicação e amor.

Não tem mais os *Buissonnets* e Isidoro prepara um espaço para acolher o amado cunhado. Depois de vários imprevistos, finalmente no dia 10 de maio de 1892, Luís pode deixar o hospital e voltar para *Lisieux*. Desta vez é a senhora *Guérin* que nos dá notícias numa carta que escreve à sua filha Joana: *"teu pai hoje mesmo foi a Caen para pegar o tio. Almoçou com tranquilidade na tua casa e voltou com o senhor Martin às quatro da tarde. A viagem foi boa. O moral é bom, tanto quanto seja possível, mas as suas pobres pernas não podem sustentá-lo, foi necessário levá-lo com uma poltrona com rodas. Chorou por todo o tempo, parecia feliz de estar com suas filhas. Agora está bem colocado no segundo andar. Não poderá descer, não tem como. Celina e Leônia estão muito felizes. Esperavam este dia há muito tempo. Nos momentos de lucidez Luís diz a Isidoro chorando: 'te recompensarei por tudo isto'. Estas palavras o comoveram muito".*

---

## *FAMILIARIS CONSORTIO*, 45

*A íntima conexão entre a família e a sociedade, como exige a abertura e a participação da família na sociedade e no seu desenvolvimento, impõe também que a sociedade não abandone o seu dever fundamental de respeitar e de promover a família.*

---

# 64

# ATÉ O CÉU

Nos momentos de paz interior e de lucidez mental, onde está o coração de Luís Martin? Está mergulhado em Deus no profundo do seu ser, e pensando nas suas filhas, que são o tesouro mais precioso de sua vida. "Onde está o teu tesouro aí está o teu coração", nos recorda Jesus no Evangelho.

Passado o primeiro momento de adaptação e de descanso da viagem, Isidoro, Celina e Leônia preparam a visita do pai ao Carmelo, onde estão as suas filhas carmelitas Maria, Paulina e Teresa. É um encontro preparado, e que deve ser equilibrado nas emoções, de rever o pai tão amado, depois de tanto tempo. Um momento único, cheio de espera, de emoções escondidas no coração. É impossível não chorar. Este encontro tão esperado será também o último... Nunca mais as três monjas carmelitas terão a alegria de ver o rosto do próprio pai, um rosto, embora o sofrimento, resplandecente da luz, da paz e do amor infinito a Deus. Luís Martin não consegue pronunciar palavras, mas antes de se despedir levanta o dedo para o céu e consegue dizer: NO CÉU...

Assim se despedem os santos. Todos caminhamos para o Céu e quem vai antes vai preparar uma digna morada para nós. Uma das mais belas verdades da nossa fé é que um dia, desfeito este corpo mortal, e enxugadas todas as lágrimas, nos reencontraremos todos juntos contemplando a Deus tal qual Ele é. Esta é a nossa fé e esse é o paraíso. Numa carta, a senhora *Guérin* conta como foi a chegada de Luís de volta do Carmelo:

*"O senhor MARTIN reconheceu muito bem a todos os membros da família, mas no Carmelo foi comovente. Creio que Deus o abençoou, porque foi o encontro mais belo que eu tenha visto. Parecia que tivesse consciência de tudo o que estava acontecendo. As Carmelitas estavam muito felizes em ver o próprio pai, mas depois as lágrimas que tiveram a capacidade de conter, começaram a descer".*

No coração e na memória das filhas permanecerá a imagem do pai com o dedo levantado que diz: NO CÉU.

---

### *AMORIS LAETITIA*, 165

*O amor sempre dá vida. Por isso, o amor conjugal "não se esgota no interior do próprio casal (...). Os cônjuges, enquanto se doam entre si, doam para além de si mesmos a realidade do filho, reflexo vivo do seu amor, sinal permanente da unidade conjugal e síntese viva e indissociável do ser pai e mãe".*

---

## 65

# JESUS VISITA LUÍS

As jornadas de Luís aparentemente eram monótonas: sentado no jardim, ou fazendo pequenos passeios, sustentado por duas pessoas, dócil, agradecido e não pede nada, contenta-se com tudo, agradece e sorri a quem lhe dirige palavras. No mês de junho celebra-se a festa do *Corpus Domini*, e a família *Guérin* tem como costume preparar um pequeno altar na frente da casa. O Cônego *Rohée*, depois de ter abençoado o povo, pousa o ostensório sobre a cabeça de Luís. É Jesus que o visita, ele que tinha tanto amor a Jesus na Eucaristia, que tinha passado tantas noites como adorador... ele que tanto amava participar nas primeiras missas e comungar, ele que levava suas filhas a visitar Jesus, agora é Jesus que vem visitá-lo.

Assim é o amor de Deus, Ele nos recompensa por todo pequeno gesto que fazemos para amá-lo e torná-lo amado. De vez em quando o sacerdote lhe traz a comunhão, e Luís se comove interiormente. Mas quando a situação de saúde volta a piorar, ele não terá mais nem a possiblidade de receber a comunhão.

No mês de julho, Isidoro aluga uma casa frente à sua, para que Luís possa ficar no primeiro andar e ter mais possiblidade de se movimentar. Celina e Leônia estão sempre ao seu lado e, graças à ajuda de *Desiré*, o Judeu, forte e alegre consegue manter, embora o sofrimento, o bom humor na família.

Até que ponto Luís está consciente da sua situação física, psicológica, espiritual, não é fácil intuir, e ter a certeza do que se passa na mente e no coração de uma pessoa doente, que tem momentos de total lucidez, momentos de confusão mental, e de distúrbios psicológicos. As testemunhas que o acompanham nesse último trecho da sua via sacra nos dizem que aos momentos de extrema tranquilidade e paz, se alternam momentos de choros, de gritos. O seu falar e comunicar se tornam cada vez mais difíceis. Celina, como sempre, preocupa-se de comunicar, seja aos parentes e aos amigos como particularmente às Irmãs no

Carmelo, notícias precisas do estado de saúde e psicológico do pai. "Papai está razoavelmente bem, teve momentos muito difíceis de choro e de angústia, crise de choro, que cortam o coração. Hoje está mais alegre, feliz. Ontem me disse: 'oh minhas filhas, rezem por mim... peçam a São José que eu possa morrer como um santo!'.

Às vezes, murmura orações ou entoa cantos religiosos, como o *Kyrie eleison*, tantas vezes cantado na igreja. A sua mente está cheia de Deus. Na nossa vida, tudo fica gravado e fica aí, na espera de voltar à nossa consciência".

Isidoro e as filhas pensam que seria bom chamar o fotógrafo da família para tirar algumas fotos como lembrança. A arte da fotografia está ainda engatinhando, e o Carmelo de *Lisieux* será o primeiro Carmelo do mundo a fazer entrar as máquinas fotográficas, e graças a essa abertura de mente hoje possuímos tantas fotos de Santa Teresinha. No Carmelo, as três carmelitas não cessam de contemplar as fotos, especialmente uma delas pequena que parece, aos seus olhos, a melhor.

## *AMORIS LAETITIA*, 218

*Quando o olhar sobre o cônjuge é constantemente crítico, isto indica que o matrimônio não foi assumido também como um projeto a construir juntos, com paciência, compreensão, tolerância e generosidade. Isto faz com que o amor seja substituído pouco a pouco por um olhar inquisidor e implacável, pelo controle dos méritos e direitos de cada um, pelas reclamações, a competição e a autodefesa. Deste modo tornam-se incapazes de se apoiarem um ao outro para o amadurecimento de ambos e para o crescimento da união.*

## 66

# EM FÉRIAS NO CASTELO

No fim do mês de junho de 1893, a família *Guérin* não pobre, pode se permitir o luxo de comprar um pequeno castelo de *La Musse*, distante de *Evreux* não muitos quilômetros.

Isidoro decide levar para as férias os familiares e também o Sr. Martin. Durante a viagem não faz outra coisa que fixar os gestos e as palavras de Isidoro. Luís manifesta uma grande felicidade interior.

No dia 24 de junho, Leônia bate novamente à porta das Visitandinas e quer tentar novamente o caminho da vida religiosa. As irmãs a recebem, ela se despede do pai e não mais o verá. Não é fácil compreender a atitude de Leônia. Por que deixa Celina sozinha a cuidar do Pai? Ela que tinha esperado, lutado ao lado de Celina para oferecer todo o conforto ao pai e agora que o vê mais debilitado decide ir ao mosteiro. São os desígnios de Deus diante dos quais nos resta o silêncio, e todas as suposições que podemos fazer podem e muitas vezes são erradas.

Luís é um contemplativo desde sua infância, ele sempre gostou de solidão, uma solidão cheia de música e de palavra de vida eterna. O não ser monge não sufocou essa vocação. Quando ele vai pescar se isola, e escuta o murmúrio das águas, e contempla o céu estrelado e ensina, eu penso, a Teresa a olhar para o céu e rezar o Pai-Nosso, e Teresa um dia encontrará no céu estrelado o início do seu nome, o T de Teresa e comunicará com alegria ao seu pai dizendo-lhe:

*Na volta, eu olhava as estrelas que piscavam docemente e essa visão me encantava... Havia sobretudo um grupo de pérolas de ouro que eu notava com prazer, achando que tinham a forma de um T. Mostrava a papai dizendo que era meu nome que estava escrito no céu e, nada querendo ver da vil terra, pedia-lhe para conduzir meus passos. Então, sem olhar onde pisava, olhava para cima sem cansar-me de contemplar o azul estrelado! (MA 18f)*

Luís, no jardim do castelo de *La Musse*, está contente em sua cadeira a rodas, contempla as flores, escuta o canto dos pássaros, e uma vez Celina o surpreende escutando o canto de um rouxinol. "Nunca o tinha visto antes e para sempre me lembrarei de seu rosto bonito quando ao entardecer, ao chegar a obscuridade, no fundo do bosque paramos para escutar o canto de um rouxinol. Escutava... com olhos de forte expressão. Era como um êxtase, um não sei que da pátria celeste que se refletia em seu rosto.

Não posso deixar de citar a estrofe de são João da Cruz.

*E o aspirar da brisa.*
*Do doce rouxinol a voz amena,*
*O souto e seu encanto,*
*Pela noite serena,*
*Como chama que consuma sem dar*
*pena. (Cântico Espiritual 39)"*

Depois das férias no Castelo de *La Musse*, Luís volta para *Lisieux*. Leônia é postulante entre as Visitandinas, e Celina fica sozinha com o ajudante *Desiré* a cuidar do pai.

Belo é poder evidenciar a ajuda constante de Isidoro e de sua família nos cuidados do Patriarca Luís Martin, e Celina pode ir para descansar alguns dias na casa dos primos *Neele*. Estamos na primavera de 1894...

---

### *AMORIS LAETITIA*, 221

*Uma das causas que leva a rupturas matrimoniais é ter expectativas demasiado altas sobre a vida conjugal. Quando se descobre a realidade mais limitada e problemática do que se sonhara, a solução não é pensar imediata e irresponsavelmente na separação, mas assumir o matrimônio como um caminho de amadurecimento, onde cada um dos cônjuges é um instrumento de Deus para fazer crescer o outro. É possível a mudança, o crescimento, o desenvolvimento das potencialidades boas que cada um traz dentro de si. Cada matrimônio é uma "história de salvação"...*

---

## 67

# A IRMÃ MORTE SE APROXIMA

A doença avança sem avisar ninguém, e nos faz cada vez mais pobres e necessitados dos outros. Luís é um doente, dócil, fácil a aceitar o que os outros dizem e pedem, só quando se encontra nos momentos de agitação é que ele não escuta ninguém, mas são momentos passageiros... lentamente ele conseguirá pronunciar algumas palavras e bem desarticuladas.

No mês de maio deverá mudar o assistente *Desiré* por certo *Auguste* que fica bêbado quase continuamente. Isidoro se vê obrigado a procurar outro e a despedir *Auguste*. Convidam *Desiré* a voltar e ele volta para alegria de todos, e a vida de Luís recupera uma relativa paz e tranquilidade... aumentam as crises cardíacas que preocupam sempre mais.

É Celina que conta: "enquanto me encontrava a *Caen* o pai tem tido graves ataques de paralisia, foi-lhe administrada a extrema unção... logo que recebi o telegrama do tio, corri, rezando a Deus que o pudesse encontrar ainda em vida. Em outra carta quando o pai tem, novamente, uma crise violentíssima de coração ele me comunica as notícias. Encontrava na Santa Missa, mandaram me chamar, e o tio me falou que desta vez esteve perto da morte.

O bom Deus não me recusou de estar perto do pai nos últimos momentos da sua vida. Minhas irmãzinhas ajudam-me a agradecer a Deus. Rezam por nós dois, pelo papai e por mim. O meu coração é, continuamente, angustiado, toda via, papai esta tarde está melhor.

O estado de saúde piora cada dia a vista d'olhos, mas se faz todo o possível para que ele tenha o conforto, assim se decide de levá-lo novamente ao castelo de *La Musse*".

É o dia 4 de julho. Uma viagem bastante serena e confortável. A saúde tem os seus altos e baixos, mas todos estão conscientes que será ainda por pouco tempo.

Dia 28 de julho... Outra crise cardíaca, muito mais grave que as precedentes. Isidoro se encontra em *Lisieux* para o discurso em ocasião da distribuição de prêmios da escola de *Freres*. Corre imediatamente para estar presente ao lado do Luís moribundo. O pároco de *Saint-Sebastien* administra, novamente, a santa extrema unção. Não pode receber a Santa Eucaristia por causa do seu estado de saúde...

## *AMORIS LAETITIA*, 222

*(...) os filhos são um dom maravilhoso de Deus, uma alegria para os pais e para a Igreja. Através deles, o Senhor renova o mundo.*

## 68

# ASSIM MORREM OS SANTOS

São João da Cruz diz que os santos não morrem, mas a carne se arrebenta pela força do amor de Deus.

*Oh! Chama de amor viva*
*Que ternamente feres*
*De minha alma no mais profundo centro!*
*Pois não és mais esquiva,*
*Acaba já, se queres,*
*Ah! Rompe a tela deste doce encontro. (Ch 1)*

Toda a vida de Luís Martin foi um cântico de amor, um dom para os outros, e nunca ele se preocupou de si mesmo. Santa Teresinha diz que nós somos pessoas que estamos na estação do trem, passa um e não é o nosso, passa outro não é o nosso, passa o nosso e devemos tomá-lo, o que importa é termos as malas prontas. E as malas cheias de obras boas.

As de Luís Martin estão prontas para pegar o trem da morte com a estação final na eternidade.

Sábado dia 28 de julho todos estão em oração para o santo e bom Luís Martin, na casa *Guérin*, no Carmelo e nas Visitandinas de *Caen*, ao redor da cinco da manhã do dia 29 de julho entra em agonia. Só Celina está ao lado do pai, ela será a filha abençoada para receber os últimos respiros do pai ... escutemo-la.

*"Ao redor das 7h45 tivemos a certeza que o corpo do nosso pai estava gelado. A tia foi pegar garrafas de água quente. Sozinha diante dele rezei em voz alta estas invocações:*

*JESUS, JOSÉ E MARIA, VOS DOU O CORAÇÃO E A MINHA ALMA!*

*JESUS, JOSÉ E MARIA, ASSISTE-ME NA ÚLTIMA AGONIA!*

*JESUS, JOSÉ E MARIA, EXPIRE EM PAZ MINHA ALMA!*

*Então o meu querido papai abriu os olhos e me fixou com afeto e gratidão indizíveis, cheio de vida e de inteligência. Depois os fechou para sem-*

*pre. Eram, mais ou menos 8h15 da manhã. Estávamos sozinhos, eu e o tio, na mira da morte. Durante a agonia o tio aproximou aos seus lábios o crucifixo e eu, quando me levantei, fechei os olhos do meu querido papai."*

No mesmo dia Celina envia um telegrama às irmãs do Carmelo. É um telegrama seco, mas carregado de afeto, dor e de amor.

*"Caras irmãzinhas,*

*Papai está no céu... recebi o último respiro. Fechei seus olhos. Seu belo rosto assumiu imediatamente uma expressão de beatitude, de profunda calma. A serenidade é imensa no seu rosto."*

E acrescenta: *o tio diz que nunca viu uma morte tão serena.*

No 2 de agosto, depois da celebração das exéquias, o corpo de Luís é sepultado no cemitério de *Lisieux*. Meses depois, num gesto belíssimo, Isidoro traz para a mesma tumba de *Lisieux* os restos mortais de Zélia e dos quatros filhos falecidos, da sogra e de pai Isidoro. É um gesto profético. Os que na terra estiveram sempre juntos, também os restos mortais devem continuar juntos para testemunhar que a morte não rompe o amor, mas o torna mais forte como diz o Cântico dos Cânticos: o amor é mais forte do que a morte.

Na vida da família Martin o amor sempre foi em primeiro lugar. Amor a Deus e ao próximo. O casal Martin recorda a todos que seja qual for a nossa vocação, todos, sem exceção de ninguém, somos chamados à santidade.

---

### *AMORIS LAETITIA*, 256

*Consola-nos saber que não se verifica a destruição total dos que morrem, e a fé assegura-nos que o Ressuscitado nunca nos abandonará. Podemos, assim, impedir que a morte "envenene a nossa vida, torne vãos os nossos afetos e nos faça cair no vazio mais escuro". A Bíblia fala de um Deus que nos criou por amor, e fez-nos duma maneira tal que a nossa vida não termina com a morte (cf. Sab 3, 2-3). São Paulo fala-nos dum encontro com Cristo imediatamente depois da morte: "tenho o desejo de partir e estar com Cristo" (Flp 1, 23).*

---

## 69

# A ORAÇÃO DA FILHA DE UM SANTO

No mês de agosto de 1894, Teresa do Menino Jesus, do silêncio do seu Carmelo, escreve uma poesia que ela mesma chama, *ORAÇÃO DA FILHA DE UM SANTO, Agosto de 1894*:

*Recorda-te de que outrora na terra*
*Tua felicidade era sempre nos amar.*
*De tuas filhas escuta agora a prece,*
*Protege-nos, digna-te ainda nos abençoar.*
*Encontraste, no céu, nossa Mãe querida1*
*Que já te precedera na Pátria eterna:*
    *Agora nos Céus*
    *Reinais os dois2.*
    *Velai por nós!*
*Lembra-te de Maria3, tua bem-amada,*
*Tua primogênita, a mais cara a teu coração;*
*Lembra-te de que ela preencheu tua vida*
*Com seu amor, encanto e felicidade...*
*Por Deus renunciaste a sua doce presença*

*E abençoaste a mão que te oferecia o sofrimento...*
    *Ah, sim, do teu diamante4,*
    *Cada vez mais brilhante*
    *Recorda-te!...*
*Recorda-te também de tua bela pérola fina5*
*Que viste como um frágil cordeirinho belo.*
*Ei-la, hoje, transbordando uma força divina,*
*Dirigindo o rebanho6 do Carmelo.*
*De tuas filhas ela é a Mãe estremecida.*
*Ó Papai, vem guiar esta filha querida*
    *E, sem deixar o Céu,*
    *Do teu pequeno Carmelo*
    *Recorda-te!...*
*Recorda-te da ardente prece*
*Que fizeste por tua terceira filha!7*
*Deus te atendeu, pois ela é na terra*
*Como suas irmãs, um lírio perfumado.*
*A Visitação a oculta aos olhos do mundo,*
*Ela ama Jesus, é sua paz que a inunda.*
    *Dos seus ardentes desejos*
    *E de todos os seus suspiros*
    *Recorda-te!...*
*Recorda-te de tua querida Celina*
*Que foi para ti como um anjo dos Céus8,*
*Quando um olhar da Face divina9*
*Te escolheu pra sofrer gloriosas amarguras...10*

*Hoje reinas no céu, tarefa já cumprida,*
*E agora11 ao bom Jesus ela oferta sua vida.*
    *Protege tua filha*
    *Que repete e estribilha:*
    *Recorda-te!...*
*Lembra-te de tua princesinha,*
*A órfã de Bérésina12.*
*Recorda-te de que, em seus passos de incerteza,*
*Era tua mão que a toda parte a guiava.*
*Em sua infância querias ardorosamente*
*Guardá-la só pra Deus, sempre pura e inocente.*
    *Dos seus cabelos de ouro*
    *Que eram o teu tesouro,*
    *Recorda-te!...*
*Lembra-te de que no Belvedere13*
*Tu a assentavas sempre no teu colo*
*E, murmurando uma prece,*
*A embalavas entre riso e canção*
*E ela via um reflexo do Céu em tua face,*
*Enquanto teu olhar sondava o azul distante...*
    *E cantavas com voz terna*
    *Do céu a beleza eterna;*
    *Recorda-te!...*
*Lembra-te do domingo ensolarado*
*Em que, estreitando-a em teu coração paterno,*
*Deste-lhe uma florzinha branca,*

*Permitindo-lhe voar para o Carmelo.*
*Lembra-te, Pai, de que em suas provações,*
*Só lhe destes de amor belas demonstrações!*
    *Em Roma e em Bayeux*
    *Tu lhe apontavas os Céus.*
    *Recorda-te!...*
*Lembra-te de que no Vaticano a mão do Santo Padre*
*Levemente pousou em tua fronte;*
*Não compreendeste ali o mistério*
*Do selo divinal impresso em tua vida...*
*Tuas filhas, agora, em orações tão puras,*
*Agradecem a cruz das tuas amarguras!...*
    *Em tua fronte sem véu*
    *Hoje brilham, no céu,*
    *Nove lírios em flor!*

---

### *AMORIS LAETITIA*, 314

*Sempre falamos da inabitação de Deus no coração da pessoa que vive na sua graça. Hoje podemos dizer também que a Trindade está presente no templo da comunhão matrimonial. Assim como habita nos louvores do seu povo (cf. Sl 22/21, 4), assim também vive intimamente no amor conjugal que Lhe dá glória.*

---

# 70

# NO INVERNO DA HUMANIDADE

Em muitos países está diminuindo, à vista d'olhos o número dos filhos, e para isso se levantam várias razões: a falta de dinheiro, a impossibilidade de oferecer aos filhos uma vida futura de tranquilidade econômica, problemas sociais, mas, fundamentalmente, também está uma forma terrível de EGOÍSMO velado, escondido onde os casais não querem perder a própria liberdade tendo filhos. Uma perda de sentido da família, e uma falta de credibilidade que seja possível viver o amor conjugal com fidelidade. É urgente recuperar a importância da família, a alegria dos filhos como dom de Deus.

Há países como Itália, Espanha e outros em que a natalidade é abaixo de zero, isso preocupa não somente de um ponto de vista de nacionalidade, mas particularmente um ponto de vista moral e religioso. Os santos Luís e Zélia recordam a todos nós, casados ou não, que somos chamados a uma fecundidade física ou espiritual, ninguém pode ser feliz sozinho.

Queremos terminar o nosso caminho com o n. 325 da exortação apostólica *Amoris Laetitia*:

*As palavras do Mestre (cf. Mt 22, 30) e as de São Paulo (cf. 1 Cor 7, 29-31) sobre o matrimônio estão inseridas – não por acaso – na dimensão última e definitiva da nossa existência, que precisamos de recuperar. Assim, os esposos poderão reconhecer o sentido do caminho que estão a percorrer. Com efeito, como recordamos várias vezes nesta Exortação, nenhuma família é uma realidade perfeita e confeccionada duma vez para sempre, mas requer um progressivo amadurecimento da sua capacidade de amar. Há um apelo constante que provém da comunhão plena da Trindade, da união estupenda entre Cristo e a sua Igreja, daquela comunidade tão bela que é a família de Nazaré e da fraternidade sem mácula que existe entre os Santos do Céu. Mas contemplar a plenitude que ainda não alcançámos permite-nos também relativizar o percurso histórico que estamos a fazer como família, para deixar de pretender das relações interpessoais uma perfeição, uma pureza de intenções e uma coerência que só poderemos encontrar no Reino definitivo. Além disso, impede-nos de julgar com dureza aqueles que vivem em condições de grande fragilidade. Todos somos chamados a manter viva a tensão para algo mais além de nós mesmos e dos nossos limites, e cada família deve viver neste estímulo constante. Avancemos, famílias; continuemos a caminhar! Aquilo que se nos promete é sempre mais. Não percamos a esperança por causa dos nossos limites, mas também não renunciemos a procurar a plenitude de amor e comunhão que nos foi prometida.*

## *AMORIS LAETITIA*, 318

*A oração em família é um meio privilegiado para exprimir e reforçar esta fé pascal. Podem-se encontrar alguns minutos cada dia para estar unidos na presença do Senhor Vivo, dizer-Lhe as coisas que os preocupam, rezar pelas necessidades familiares, orar por alguém que está a atravessar um momento difícil, pedir-Lhe ajuda para amar, dar-Lhe graças pela vida e as coisas boas, suplicar à Virgem que os proteja com o seu manto de Mãe.*

# 71

# ORAÇÃO DA FAMÍLIA MARTIN

A família Martin amava rezar juntos uma oração, que foi composta pelo General *Gaston de Sonis*. É uma oração cheia de abandono e de confiança em Deus. Nessa oração sentimos o eco da mística do tempo, mas com valores perenes.

*"Meu Deus Eis-me aqui, diante de Vós. Pobre, pequeno, despojado de tudo.*

*Não sou nada. Não tenho nada. Não posso nada.*

*Estou aqui aos Vossos pés, no profundo do meu nada.*

*Gostaria de ter algo para Vos oferecer, mas não sou outra coisa que miséria.*

*Vós sois o meu tudo, Vós sois a minha riqueza.*

*Meu Deus.*

*Vos agradeço por ter querido que eu fosse nada diante de Vós. Amo a minha humilhação, o meu nada. Vos agradeço por ter afastado de mim as satisfações do amor-próprio, as consolações do coração. Obrigado pelas desilusões, as angústias e as humilhações.*

*Reconheço que tinha necessidade, e que as satisfações poderiam ter me afastado de Vós.*

*Ó meu Deus, seja bendito quando me provais, amo ser despedaçado, consumido, destruído por Vós.*

*Aniquila-me sempre.*

*Que eu seja na destruição, não como pedra lavrada e polida na mão do lavrador, mas como um grão de areia obscuro, tomado da estrada empoeirada.*

*Meu Deus*

*Vos agradeço por ter me permitido entrever a doçura das vossas consolações.*

*Obrigado pelas vezes que me foram tiradas. Tudo o que vós fazeis é justo e bom. Vos bendigo na minha pobreza. Não me queixo de nada, senão de não ter-Vos amado suficientemente. Não desejo nada a não ser que a Vossa vontade seja feita.*

*Vos sois o meu mestre, eu sou Vossa propriedade, virais e revirai-me. Destruí-me e trabalhai-me. Quero ser reduzido a nada por Vosso amor.*

*Ó Jesus, como é bondosa a Vossa mão, também no meio das provas.*

*Que eu seja crucificado por Vós, assim seja."*

---

## *AMORIS LAETITIA,* 325

*Avancemos, famílias; continuemos a caminhar! Aquilo que se nos promete é sempre mais. Não percamos a esperança por causa dos nossos limites, mas também não renunciemos a procurar a plenitude de amor e comunhão que nos foi prometida.*

---

## *FAMILIARIS CONSORTIO,* Conclusão

*"O futuro da humanidade passa pela família!"*

---

# SALMO DA FAMÍLIA

**PAI**: Senhor, Te louvo e Te agradeço por minha família! Agradeço-Te Senhor pela esposa que colocaste ao meu lado, para que juntos possamos ser um exemplo de amor e de fidelidade para os nossos filhos, para os vizinhos, para a Igreja. Que eu seja um bom pai, que procura educar mais com a vida que com as palavras, esquecendo de mim mesmo para o bem dos outros, e que nunca os meus filhos possam se envergonhar de mim! Obrigado Senhor, por tudo, pelos momentos felizes e tristes! Tenho confiança em Ti e quero inspirar-me sempre em São José, pai terno e delicado, silencioso na educação de Jesus!

**MÃE**: Senhor eu também quero Te louvar com todo o meu coração, pelo esposo que Tu me deste! Ele é amigo, companheiro, e com ele caminhamos juntos, em benefício dos nossos filhos.

Queremos dar a eles o melhor de nós mesmos, o nosso amor e carinho. Que eu saiba educá-los, para que saibam enfrentar a vida no mundo, e que não se afastem de Ti, mas que sejam sempre fiéis ao Teu amor! Que a Virgem Maria seja modelo para a minha vida de mãe, que ensina a ver, escutar os sofrimentos dos outros e tenta ajudar a todos!

**FILHOS**: Nós também Senhor, queremos Te louvar, agradecer pelos pais, que nos deram a vida, que fazem tudo por nós! Doa-nos a capacidade de escutar os seus ensinamentos, de respeitá-los e ajudá-los em tudo. Liberta-nos do egoísmo, que às vezes nos leva a pensar só em nós mesmos! Doa Senhor, aos nossos pais, a alegria de ver em nós a continuação da vida deles, e que, mesmo na velhice e na doença, estejamos sempre a seu lado!

**TODOS JUNTOS**: Senhor, pedimos o Teu Espírito Santo, para sermos uma pequena Igreja, uma família unida, que unida procura superar as dificuldades! Que nenhum de nós se afaste do Teu amor e da vida cristã! Queremos pedir a proteção de Luís e Zélia, que com o exemplo geraram na carne e no espírito Santa Teresinha do Menino Jesus. Que eles sejam modelo para nós! Unidos na oração e no amor venceremos os perigos que querem dividir-nos.

Pai-Nosso... Ave-Maria... Glória ao Pai...

**PAI E MÃE JUNTOS**:

Senhor Todo-Poderoso, envia sobre a nossa família a luz e força do Teu Espírito Santo! Nós o pedimos por Teu Filho Jesus e pela Virgem Maria, Nossa Mãe, e pela intercessão de São Luís e Santa Zélia, e Santa Teresinha. Amém!

# HOMILIA DO PAPA FRANCISCO

## Encerramento do X Encontro Mundial das Famílias na Basílica de São Pedro

"No âmbito do X Encontro Mundial das Famílias, este é o momento da *ação de graças*. Hoje trazemos, com gratidão, à presença de Deus – como num grande ofertório – tudo o que o Espírito Santo semeou em vós, queridas famílias. Algumas de vós participaram nos momentos de reflexão e partilha aqui no Vaticano; outras animaram e viveram os mesmos momentos nas respetivas dioceses, formando uma espécie de imensa constelação. Imagino a riqueza de experiências, propósitos, sonhos, como não mancaram também as preocupações e as incertezas. Agora apresentamos tudo ao Senhor e pedimos-Lhe que vos sustente com a sua força e o seu amor. Sois pais, mães, filhos, avós, tios; sois adultos, crianças, jovens, idosos; cada qual com uma experiência diversa de família, mas todos com a mesma esperança feita oração: Que Deus abençoe e guarde as vossas famílias e todas as famílias do mundo.

Na segunda Leitura, São Paulo falou-nos de *liberdade*. A liberdade é um dos bens mais apreciados e procurados pelo homem moderno e contemporâneo. Todos desejam ser livres, não sofrer condicionamentos, nem ver-se limitados; por isso aspiram a libertar-se de qualquer tipo de «prisão»: cultural, social, económica. E, no entanto, quantas pessoas carecem da liberdade maior: a liberdade interior! A maior liberdade é a liberdade interior. O Apóstolo lembra-nos, a nós cristãos, que esta é primariamente um dom, quando exclama: «Foi para a liberdade que Cristo nos libertou» (Gal 5, 1). A liberdade foi-nos dada. Nascemos, todos, com muitos condicionamentos, interiores e exteriores, e sobretudo com a tendência para o egoísmo, isto é, para nos colocarmos a nós mesmos no centro e privilegiar os nossos próprios interesses. Mas, desta escravidão, libertou-nos Cristo. Para evitar equívocos, São Paulo adverte-nos que a liberdade dada por Deus não é a liberdade falsa e vazia do mundo que, na realidade, é «uma ocasião para os [nossos] apetites carnais» (Gal 5, 13). Essa, não! A liberdade, que Cristo nos conquistou com o preço do seu Sangue, está inteiramente orientada para o amor, a fim de que – como dizia, e nos diz hoje a nós, o Apóstolo –, «pelo amor, [nos façamos] servos uns dos outros» (Gal 5, 13).

Todos vós, esposos, ao formar a vossa família, com a graça de Cristo fizestes esta corajosa opção: *não usar a liberdade para proveito próprio, mas para amar as pessoas que Deus colocou junto de vós.* Em vez de viver como «ilhas», fizestes-vos «servos uns dos outros». Assim se vive a liberdade em família! Não há «planetas» ou «satélites», movendo-se cada qual pela sua própria órbita. A família é o lugar do encontro, da partilha, da saída de si mesmo para acolher o outro e estar junto dele. É *o primeiro lugar onde se aprende a amar.* Nunca o esqueçais: a família é o primeiro lugar onde se aprende a amar.

Irmãos e irmãs, ao mesmo tempo que reafirmamos com grande convicção tudo isto, bem sabemos que na realidade dos factos não é sempre assim, por muitos motivos e pelas mais variadas situações. Por isso, justamente enquanto *afirmamos a beleza da família*, sentimos mais do que nunca que *devemos defendê-la.* Não deixemos que seja poluída pelos venenos do egoísmo, do individualismo, da cultura da indiferença e da cultura do descarte, perdendo assim o seu DNA que é o acolhimento e o espírito de serviço. A caraterística própria da família: o acolhimento, o espírito de serviço dentro da família.

A relação entre os profetas Elias e Eliseu, apresentada na primeira Leitura, faz-nos pensar na *relação entre as gerações*, na «passagem do testemunho» entre pais e filhos. No mundo atual, esta relação não é simples, revelando-se muitas vezes motivo de preocupação. Os pais temem que os filhos não consigam orientar-se no meio da complexidade e confusão das nossas sociedades, onde tudo parece caótico, precário, acabando por extraviar-se da sua estrada. Este medo torna alguns pais ansiosos; outros, superprotetores. E por vezes acaba até por bloquear o desejo de trazer novas vidas ao mundo.

Sábado, 25 de junho de 2022.

Vaticano

*São Luis Martin, Santa Zélia Guérin, Maria, Paulina, Helena, Melania, José, João Batista, Leônia, Celine, Santa Teresa do Menino Jesus - Fonte: Google Imagens*

**ANGELVS**
EDITORA

www.angeluseditora.com

Este livro foi impresso pela Gráfica Loyola